Recupera tu poder personal

DESCARGA
GRATIS
CON ESTE
CÓDIGO
en la web **www.editorialsirio.info**

FAB106

TE ENVIAREMOS UNAS PÁGINAS DE
LECTURA MUY INTERESANTES

Promoción no permanente. La descarga de material
de lectura sólo estará disponible si se suscriben a
nuestro boletín de noticias. La baja del mismo puede
hacerse en cualquier momento

Diseño de portada: Editorial Sirio, S.A.
Maquetación y diseño de interior: Toñi F. Castellón

© de la edición original
2018, Ricardo Eiriz y Sandra Parés

www.eiriz.com
www.sandrapares.com

© de la presente edición
EDITORIAL SIRIO, S.A.
C/ Rosa de los Vientos, 64
Pol. Ind. El Viso
29006-Málaga
España

www.editorialsirio.com
sirio@editorialsirio.com

I.S.B.N.: 978-84-17030-62-9
Depósito Legal: MA-630-2018

Impreso en Imagraf Impresores, S. A.
c/ Nabucco, 14 D - Pol. Alameda
29006 - Málaga

Impreso en España

Puedes seguirnos en Facebook, Twitter, YouTube e Instagram.

Ricardo Eiriz & Sandra Parés

Recupera
tu poder personal

EDITORIAL
SIRIO

*Hemos escrito este libro para
ti porque te lo mereces.*

ÍNDICE

INTRODUCCIÓN

··

*Sé curioso, pon en duda todo lo que leas en este
libro, experimenta y observa lo que ocurre después.
De este modo no deberás creerte lo que te decimos,
sino que sabrás lo que has experimentado.*

¿Te has parado a pensar alguna vez cuánta gente vive su vida amargada, insatisfecha o llena de estrés? Basta con pensar en nuestros vecinos, amigos o familiares para encontrar un buen número de personas que viven de este modo. Quizás incluso te ocurra a ti. Sin llegar a este extremo, nos encontramos con que la mayoría de la población ha renunciado a vivir una vida plena, ha decidido trabajar por obligación supuestamente para ganar un dinero que no ganaría de dedicarse a aquello que le hace disfrutar, y ha decidido renunciar al placer que le produce la familia, para dedicarle más tiempo al trabajo. En definitiva, buena parte de la población está dejando pasar la vida sin disfrutarla ni vivirla intensamente.

Quien vive este presente, debe ser muy valiente para mirar hacia el futuro y plantearse cuál es su destino. Si no hace nada, su destino no puede ser otro que mantener la vida que ya tiene, y repetir una y otra vez las mismas experiencias.

Vivimos en un mundo que mira más hacia fuera que hacia dentro. Buscamos fuera aquello que nos hará felices, sin darnos cuenta de que la felicidad debemos encontrarla en nosotros mismos. Buscamos la aceptación y el reconocimiento de los demás, perdiendo de vista que son nuestro propio reconocimiento y valoración los realmente importantes. Buscamos distraer nuestra mente con cuestiones intrascendentes, para evitar sentir lo que nuestro corazón nos muestra.

Vivimos en un mundo en el que hay mucho más de lo que vemos. Nuestros cinco sentidos nos permiten percibir una parte pequeña de la realidad energética que nos envuelve. En cambio, en nuestro mundo occidental, se nos intenta convencer desde pequeños de que lo único que existe es lo que vemos y podemos demostrar.

Vivimos en un mundo donde la razón y la ciencia han sido sobrevaloradas, olvidando que los propios científicos trabajan incesantemente en sus investigaciones para demostrar cosas que hasta el momento no han sido demostradas científicamente, pero que realmente siempre han estado ahí.

Este modo de vivir hacia fuera nos conduce a crear una realidad interna carente de poder. La mayoría de las personas han renunciado a controlar y dirigir su vida, convirtiéndose en víctimas de las creencias colectivas que «la sociedad» ha generado.

La insatisfacción, el miedo, la apatía o la inseguridad, se han convertido en las emociones que dirigen la vida de muchos de nosotros, con el perjuicio a nivel físico, mental y emocional que esto conlleva.

Afortunadamente, nada es definitivo. La experiencia nos ha demostrado que todos, sin excepción, tenemos la capacidad de cambiar nuestra vida cuando lo deseemos.

Si realmente deseas dar un giro a tu vida y recuperar el poder con el que naciste para controlar y dirigir las experiencias que vives, simplemente déjate guiar por este libro. En él encontrarás no solo conocimientos, sino también algo mucho más importante: transformación real y duradera a nivel interno.

Recuperar tu poder personal significa convertirte en el protagonista de tu historia, dejando a un lado papeles secundarios como actor de reparto en películas de otros.

Plantéate la siguiente pregunta: ¿Quién eres realmente?, ¿eres el personaje que representas en cada ámbito de tu vida, o el actor que interpreta cada uno de esos personajes? Quizás hayas creído ser los personajes, pero en realidad quien les da vida es el actor. Tú no eres tus personajes. No eres el ejecutivo, periodista, terapeuta, monja, peluquero, padre de tus hijos, esposo de tu esposa, hijo de tus padres, etc., esos son solo personajes que interpretamos. Pero ¿quién existe primero, el personaje o el actor? Por supuesto que el actor.

Además, también es imprescindible la figura del autor que escribe el papel que se ha de interpretar. Sin ese autor, el personaje tampoco existe. El autor podemos ser nosotros mismos, o pueden ser otras personas. Los personajes que cada uno de nosotros interpreta siempre han sido diseñados anteriormente por alguien, consciente o inconscientemente.

Lo que buscamos con este libro es situarte en la perspectiva necesaria para que asumas el rol de actor y autor de tu propia vida, dejando a un lado los papeles secundarios que interpretas.

En los años que llevamos desde Método INTEGRA ayudando a todos aquellos que acuden a nosotros a cambiar su vida, jamás les decimos cómo deben vivirla, ya que cada uno es libre de decidir el modo en el que lo hace, así como las experiencias a través de las cuales desarrollar su proceso de aprendizaje. En consecuencia, no te diremos que debes recuperar tu poder personal, ya que esa es una de las distintas opciones que tienes para vivir. Lo que sí te decimos es que si deseas recuperar tu poder personal, estás en las mejores manos para lograrlo con facilidad y rapidez.

Este libro, así como el taller con el que comparte nombre, surgen en respuesta a la demanda de muchas personas que necesitan deshacerse de las ataduras que les impiden volver a mirar hacia dentro de sí mismas, para generar su realidad desde ese lugar.

Aunque lo presentemos en formato libro, se trata de un taller transformacional. En consecuencia, si realmente quieres obtener los beneficios del mismo, debes hacer una lectura activa y realizar los ejercicios que contiene.

Si te das la oportunidad y realizas los ejercicios de transformación que encontrarás en las siguientes páginas, muy probablemente experimentarás cambios sustanciales en tu forma de ver la vida, de vivirla y de sentirla.

Hemos estructurado el texto para ir directamente al grano, y no perder tiempo dando vueltas a conceptos, que aun siendo interesantes, de poco o nada nos sirven si se quedan en el nivel conceptual.

Acabado este breve capítulo introductorio pasemos directamente a abordar los tres ámbitos que nos impiden recuperar nuestro poder personal. Ese poder que todos tenemos a nivel potencial y que no utilizamos debido únicamente a los factores que veremos y trabajaremos a continuación.

Los elementos que nos impiden hacer uso de nuestro poder personal son:

- Nuestras emociones.
- Nuestras creencias.
- El no conocer nuestra misión.

Sin más preámbulo analicemos estos tres frenos que, en mayor o menor medida, te están estancando en una vida que posiblemente no te acaba de satisfacer.

En el próximo capítulo encontrarás una guía práctica que te llevará a conocer cómo funciona el mundo de las emociones, cuáles son los resortes internos que nos llevan a sentir las emociones que aparecen en nuestro día a día y, lo más importante, a eliminar los disparadores que activan esas emociones que te alejan de tu poder personal.

A continuación descubrirás cuál es el modo en que debemos entender el mundo para poder vivir desde una posición de poder interior. La aceptación de ti mismo y de la realidad que vives, la autovaloración, la confianza y la seguridad son los pilares que sustentan una vida de poder.

Todos esos conceptos son importantes, pero si no eres capaz de alinear tu subconsciente con ellos, de poco o nada te servirán. Por lo tanto, llevaremos estos conceptos a nivel de creencias y los grabarás en tu subconsciente, para convertirlos de ese modo en la programación que dirigirá tu vida a partir de ahora.

Por último, abordaremos el tema de la misión personal, de la razón de ser de nuestra existencia en este plano. Desconocer nuestra misión es uno de los elementos que habitualmente nos llevan a no hacer uso de nuestro poder personal. La última parte de este libro te guiará para encontrar respuestas en este ámbito.

Nuestro objetivo es ayudarte a encontrar tu camino y a que disfrutes de él en todo momento. Ojalá cuando seas anciano y mires atrás, te digas a ti mismo: «La vida que he vivido ha merecido la pena. Y si tuviera que vivirla de nuevo lo haría del mismo modo».

Sin más, bienvenido al primer día del resto de tu vida.

¡Disfruta de la experiencia!

1

ALGUNAS EMOCIONES
TE RESTAN PODER

*No olvidemos que las pequeñas emociones
son los grandes capitanes de nuestras vidas
y las obedecemos sin darnos cuenta.*

Vincent Van Gogh

Las emociones son uno de los grandes motores de nuestra vida. Nos impulsan a perseguir instintivamente metas y objetivos que nos generan placer, y también a huir de situaciones que nos generan dolor.

Todas nuestras emociones se activan de forma inconsciente, y en el momento en que lo hacen toman el control de nuestras respuestas físicas, mentales, actitudinales y por supuesto emocionales. Cuando vivimos una situación de amenaza, por ejemplo si vemos un auto que se dirige a toda velocidad hacia nosotros, reaccionamos sin procesar conscientemente la situación. Generamos una respuesta emocional que nos lleva a actuar para evitar el peligro.

Durante décadas, las emociones han sido objeto de estudio, en un intento de establecer un control consciente que evite convertirnos en sus rehenes, que dicho sea de paso, es lo que acostumbra a suceder.

Incluso la Asociación Médica de los Estados Unidos subrayó hace años que el setenta y cinco por ciento de los problemas de salud están causados por nuestras emociones.

Cada emoción presenta una frecuencia energética específica. Las llamadas emociones «positivas», esas que nos generan placer, se caracterizan por vibrar en frecuencias muy elevadas provocando, entre otros efectos, coherencia cardíaca. Por el contrario, las emociones «negativas», esas que nos desagradan cuando las sentimos, se caracterizan por sus bajas frecuencias energéticas y por debilitarnos a todos los niveles.

Como muestran los estudios realizados por científicos de todo el mundo, nuestro ADN reacciona instantáneamente ante las frecuencias de las emociones, generando respuestas sorprendentes.

Las emociones «positivas», y sus elevadas frecuencias, como el amor, la compasión o la gratitud, provocan que la doble hélice de ADN se expanda y se relaje. Asimismo, pasan a activarse varios códigos, o pares de aminoácidos, adicionales a los que tenemos activados en estado neutro.

Las dobles hélices del ADN están unidas por sesenta y cuatro códigos posibles de aminoácidos, que pueden permanecer activados o desactivados. En un estado emocionalmente neutro tenemos activados unos veinte códigos. En un estado emocionalmente «positivo» pasamos a tener activados entre veinticuatro y veintiséis de estos códigos.

Por el contrario, las bajas frecuencias de las emociones negativas, como el miedo, el estrés, la angustia o la ira provocan la contracción de las hélices de ADN, que se enrollan sobre sí mismas, acortándose y apagando varios de sus códigos (pasan a estar activos tan solo unos quince códigos).

La coherencia o incoherencia cardíaca, la activación o desactivación parcial del ADN, el fortalecimiento o la parálisis parcial del sistema inmunitario, la contracción o relajación del sistema vascular, la aceleración o relajación del flujo sanguíneo o del sistema digestivo, la mayor o menor oxigenación del cerebro, etc., son algunos de los efectos que las emociones generan sobre nosotros.

Las emociones «negativas» provocan una descarga energética parcial de nuestro cuerpo, restándonos capacidades para contrarrestar otros estímulos negativos de cualquier índole, para restablecer la salud cuando estamos enfermos, para permitir que nuestras células se reproduzcan y crezcamos, e incluso para pensar en plenitud de condiciones.

Nuestras capacidades intelectuales están totalmente condicionadas por la actividad del córtex prefrontal del cerebro. Allí está el procesador de nuestra mente consciente, y es por lo tanto el lugar donde se establece nuestra capacidad de pensar, razonar y tomar decisiones meditadas.

Por su parte, el sistema límbico es la parte del cerebro que se activa en primer lugar cuando es nuestra mente subconsciente quien actúa.

Las emociones intensas provocan una sobreestimulación del sistema límbico, lo que a su vez reduce la glucosa y el oxígeno que llegan al córtex prefrontal, reduciendo nuestra capacidad de comprender, memorizar, recordar, razonar, e incluso de inhibir pensamientos.

Asumir el control de las emociones, para evitar las consecuencias negativas que estas acarrean, se presenta, como parece lógico, como un reto importante y trascendente si realmente deseamos tener el control de nuestra vida.

NO SOLO SON LAS EMOCIONES QUE SENTIMOS

Las emociones no gestionadas correctamente en el momento en que se presentan, perduran en el tiempo y pueden quedarse atrapadas en nuestras células en forma de bloqueos y/o traumas emocionales, que posteriormente nos llevan a sufrir los efectos de esas frecuencias vibratorias, incluso sin estar sintonizados con el estado emocional que las caracteriza.

Cuando tenemos un bloqueo emocional, las células de una parte concreta de nuestro cuerpo se mantienen vibrando en la frecuencia de esa emoción. Esa permanencia energética es independiente de lo que sintamos emocionalmente en nuestro día a día. Lo normal es que pasado un cierto tiempo, desconectemos de la emoción intensa que sentíamos, pero si la impronta energética de dicha emoción se ha quedado en nuestras células, el impacto lo seguimos sufriendo.

A lo largo de nuestra vida acumulamos gran cantidad de problemas emocionales sin resolver, que se van filtrando en nuestro cuerpo físico y energético, y que nos mantienen anclados en determinadas respuestas ajenas a nuestro control consciente.

La peor parte de estas memorias emocionales no se encuentra en lo mal que nos sentimos cada vez que se activan ni en los comportamientos instintivos que generan en nosotros. La peor parte la encontramos en el ámbito de la salud física, ya que la baja frecuencia en la que se mantienen vibrando nuestras células en presencia de estas memorias provoca niveles elevadísimos de acidez. Esta situación obliga a nuestras células, preparadas para vivir en entornos alcalinos, a mutar para poder sobrevivir en ese entorno ácido. De ahí la aparición de tumores, cánceres, cardiopatías y muchas otras enfermedades.

En efecto, la ciencia ya nos ha demostrado lo que hace miles de años venían diciendo medicinas tradicionales como la china, o la ayurvédica, en las que existe una correlación directa entre órganos y emociones. La angustia y el rechazo se relacionan con los pulmones y el colon; la ira y la culpa, con el hígado y la vesícula; el miedo y la falta de apoyo con los riñones y la vejiga, etc.

Volviendo a los efectos sobre nuestras capacidades intelectuales, todas estas memorias celulares en forma de bloqueos y traumas emocionales generan una erosión continua en nuestro poder personal.

Cuando nos hallamos ante situaciones parecidas a las que generaron un determinado bloqueo emocional, se produce una sobreestimulación del sistema límbico, lo que nos lleva a actuar en modo automático, por lo que resulta tremendamente complicado controlar nuestras respuestas. Además, se limita nuestra capacidad de entender lo que sucede, y tendemos a responder en mayor medida a los estímulos negativos, a correr menos riesgos, a exagerar nuestras percepciones y a mirar el lado negativo de las cosas.

Cada vez que se activa uno de nuestros bloqueos emocionales, se margina la capacidad de nuestra mente consciente, y nuestras respuestas se limitan a la mente inconsciente.

Además, la activación de una determinada emoción lleva asociada la activación de una red neuronal que permite que dicha emoción pueda ser expresada a nivel emocional. O lo que es lo mismo, debe ser activada una red neuronal específica en nuestro cerebro para que podamos sentir una determinada emoción.

La neurociencia nos ha mostrado también cómo el grosor de las conexiones neuronales depende de la frecuencia con que se activan. Cuanto más activamos una determinada emoción, mayor fortaleza de sus conexiones neuronales, y consecuentemente mayor facilidad para volverse a activar en el futuro, incrementando incluso su nivel de intensidad.

> Los bloqueos emocionales se activan cada vez con mayor frecuencia e intensidad a medida que nos hacemos mayores.

Los bloqueos representan uno de los elementos principales en la activación de nuestras emociones, constituyendo, por lo tanto, una amenaza para nuestro poder personal.

Los traumas son generados en momentos en los que sentimos una emoción de forma intensa, en situaciones no aceptadas por nosotros. La muerte, «esperada o no», de un familiar muy cercano puede generarnos un impacto emocional súbito, que nos deje sumidos en ese estado durante un largo periodo de tiempo.

A diferencia de los bloqueos emocionales, que se activan de forma puntual a lo largo de nuestra vida, los traumas se mantienen permanentemente activados. Es por ello que resulta complicado eliminarlos por la vía tradicional.

Los traumas nos roban la posibilidad de sentir otras emociones, ya sean de frecuencias más elevadas o incluso de frecuencias más bajas. Esto se debe a que en nuestro cerebro se produce una especie de cortocircuito que nos mantiene bloqueados sintiendo la emoción que sentíamos en el instante de su generación.

Los efectos de los traumas son los mismos que tienen los bloqueos, con el agravante de que a nivel emocional somos incapaces de desconectar esa emoción, ni siquiera temporalmente.

En definitiva, todas estas memorias emocionales, ya sea en forma de traumas o de bloqueos, nos restan capacidades y nos hacen menos inteligentes.

En cualquier caso, las emociones no vienen de fuera. No son consecuencia de sucesos, sino de la interpretación que nosotros hacemos de esos sucesos, sean presentes, pasados o hipotéticos futuros.

Las emociones las generamos nosotros mismos a nivel subconsciente al reaccionar ante los estímulos que tenemos delante. Eso significa que si queremos tomar el control de nuestras emociones, debemos entender cómo funciona nuestro subconsciente y, lo más importante, programarlo para que responda como nosotros queramos.

> Lo que en realidad debemos gestionar es nuestro subconsciente, no nuestras emociones.

CÓMO FUNCIONA EL SUBCONSCIENTE

Nuestra mente subconsciente dirige nuestra vida. Es ahí donde se determinan la gran mayoría de las decisiones que tomamos en el día a día. Y curiosamente, el subconsciente es un gran desconocido para muchos.

Nuestro subconsciente es responsable único de todos nuestros hábitos y nuestras emociones. Se trata de patrones inconscientes que aparecen como respuesta automática ante los estímulos que recibimos.

Todo aquello que hacemos sin pensarlo previamente es obra de nuestra mente subconsciente. Conducimos el auto sin pensar en lo que hacemos; caminamos, respiramos y parpadeamos constantemente sin siquiera pensarlo; estornudamos y nos rascamos sin decidirlo previamente a nivel consciente; sentimos miedo, rabia, celos o amor sin buscar conscientemente esas emociones. Podríamos seguir recitando miles de respuestas que tenemos a diario, cuya responsabilidad directa es nuestra mente subconsciente. Es más, seríamos incapaces de sobrevivir de no contar con nuestra mente subconsciente.

El subconsciente es un autómata tremendamente eficiente. Es nuestro piloto automático. No piensa ni razona. Únicamente reacciona ante los estímulos que recibe en base a la programación de que dispone.

Funciona a unos 20.000.000 de ciclos por segundo, lo que le confiere la posibilidad de realizar miles de acciones al mismo tiempo.

A modo comparativo, nuestra mente consciente, o lo que es lo mismo nuestro pensamiento, funciona a un máximo de 40 ciclos por segundo. Es lógico que a través del pensamiento únicamente podamos realizar una, dos, o máximo tres cosas al mismo tiempo.

Durante toda nuestra vida cambiamos de forma espontánea nuestra programación subconsciente. Cada experiencia que vivimos nos lleva a reforzar nuestra programación o a modificarla ligeramente. Pero también podemos realizar cambios impactantes en nuestra forma de entender la vida como consecuencia de estas experiencias, como sucede cuando incorporamos en nuestra programación un trauma emocional. Y todo ello lo hacemos sin saber cómo, de forma totalmente espontánea e inconsciente.

Sin embargo, nuestra programación puede tener orígenes más allá de las experiencias que vivimos en esta vida. El periodo de gestación, nuestros antepasados, o incluso nuestras vidas pasadas están detrás de buena parte de la programación que nos dirige.

Si no somos capaces de entender el modo en que se estructura y graba esta programación, difícilmente podremos cambiarla con facilidad. En esta comprensión, y por supuesto en el conocimiento adicional de cómo llevar a cabo esos cambios de programación, radica la clave para recuperar nuestro poder personal.

> Aprender cómo funciona nuestro subconsciente y las piezas que lo componen es un requisito básico para poder asumir el control de tu vida.

La programación del subconsciente es una especie de puzle compuesto de tres piezas. Las tres son importantes y necesarias. Si nos dejamos alguna de estas piezas corremos el riesgo de no alcanzar el objetivo, al igual que ocurre cuando montamos un rompecabezas y nos falta una de las piezas.

Los tres elementos que componen esta programación son:

- Traumas emocionales
- Bloqueos emocionales
- Creencias

Debes entenderlos y saberlos gestionar. Si lo haces conseguirás tener el control prácticamente total de tus emociones, y de tu vida.

CÓMO SE ACTIVAN LAS EMOCIONES

Esta es la parte más desconocida, no solo para la población en general, sino también para la mayoría de los profesionales.

Aprender a gestionar nuestras emociones no pasa por echarles el lazo y domarlas, sino por evitar que se activen en su origen, o bien, que una vez activadas se mantengan como sentimientos.

Los caminos tradicionales para estudiar la activación de las emociones utilizan dos perspectivas:

El primero pasa por el estudio de los sucesos que llevaron a la persona a vivir por primera vez esa emoción, bajo el supuesto de que ese conocimiento pueda conducir al control y la posterior desaparición de la misma. Este es el camino tradicional de la psicoterapia, mejorado en los últimos tiempos por la biodescodificación. En cualquier caso, se trata de un camino ineficiente en la mayoría de los casos, ya que no elimina esas memorias emocionales grabadas en nuestras células.

El segundo camino es el del estudio del cerebro, que pasa por entender qué áreas del cerebro se activan con cada una de las emociones que sentimos. Este es el camino de la neurociencia, y parte de una premisa errónea, ya que el cerebro no es el responsable de nuestras emociones. Si bien es cierto que nuestro cerebro pasa a activarse de un determinado modo cada vez que sentimos una emoción, también lo es que la orden de activación no se genera en el propio cerebro. Este dato lo demuestran diversos estudios realizados en distintos lugares del mundo, en los que se mide la respuesta en el corazón antes de que se produzca cualquier activación cerebral cada vez que vamos a sentir una emoción.

El camino que nosotros vamos a seguir para entender cómo se activan las emociones es totalmente distinto. Lo que buscamos es desactivarlas de modo permanente, y para ello debemos entender cuáles son sus disparadores.

> Los disparadores principales de emociones son cuatro. Todos ellos respuestas automáticas que nuestro subconsciente genera y que no pasan por el filtro de nuestra razón, ni siquiera de nuestro pensamiento.

Como es lógico, están directamente relacionados con nuestra programación, por lo que, con la información de que ya dispones, no deberían suponer ninguna sorpresa.

Los disparadores principales de nuestras emociones son:

Un trauma emocional

La presencia de un trauma nos mantiene secuestrados emocionalmente, impidiéndonos cambiar de sintonía emocional.

Las emociones activadas por medio de traumas son las más difíciles de eliminar, salvo que se libere directamente el trauma.

Son escasas las técnicas que abordan específicamente la liberación de traumas, y las que lo hacen acostumbran a recorrer caminos dolorosos, que transcurren por el recuerdo del suceso *programante*.

En nuestro caso, como podrás experimentar posteriormente, abordaremos la liberación de traumas con una técnica sencilla, y para nada dolorosa ni peligrosa, la técnica de liberación de traumas, de Método INTEGRA.

En el momento en que desaparece el trauma, ese anclaje desaparece, y la persona recupera su libertad a nivel emocional, lo que significa que puede volver a sentir emociones diversas, tanto las «positivas» como las «negativas».

Activación de un bloqueo emocional

Un bloqueo emocional latente es causa de muchas de las emociones que sentimos. Cuando las circunstancias que vivimos resuenan energéticamente con ese bloqueo emocional, se hace patente, sintonizando nuestro espacio emocional con las emociones que encierra el bloqueo.

En el momento en que se activa pasamos a sentir intensamente alguna de las emociones que contiene, marginando la actividad de nuestra mente consciente.

Son muchas las técnicas que, con mayor o menor fortuna, abordan la liberación de bloqueos emocionales. Nosotros te guiaremos en la utilización de una técnica rápida y efectiva, que no requiere ir al origen, ni siquiera conocer las emociones que componen el bloqueo, el *RESET emocional* de Método INTEGRA.

La liberación del bloqueo que hay detrás de una emoción, provoca la desaparición instantánea de la misma, al tiempo que evita su posterior activación futura en base al mismo origen.

Nivel de coherencia con mis creencias

Las creencias que tengo respecto a lo que debería ser mi vida, y a cómo debería funcionar el mundo, condicionan mis respuestas ante los sucesos que acontecen en mi camino.

Las situaciones «injustas» en base al filtro de mis creencias me llevan a sentirme mal, y aparecen emociones como la rabia, la impotencia, el orgullo, etc.

Por el contrario, las situaciones que interpretamos como coherentes con nuestras creencias nos llevan a desarrollar respuestas emocionales agradables. Realización, satisfacción, optimismo, amor, etc. son algunas de las emociones que podemos sentir en estas situaciones.

La gestión de las emociones que tienen su origen en nuestras creencias no pasa por utilizar una técnica para eliminar la emoción, sino por entender cuál es la incoherencia que activa dicha emoción. Una vez detectada esa incoherencia entre nuestra vida y nuestras creencias, tenemos dos posibles caminos para desactivarla de cara al futuro: cambiar la experiencia que estamos viviendo, o bien cambiar las creencias que nos llevan a reaccionar de ese modo.

En el próximo capítulo aprenderás a grabar creencias, lo que te servirá también para abordar este tipo de emociones.

Resonancia con el entorno

A quién no le ha ocurrido en alguna ocasión: estás escuchando las penas de un amigo, y al poco rato comienzas a sentir las mismas emociones que él. Lo que sucede en esas situaciones es que entramos en resonancia con nuestro amigo. Las emociones que sentimos en ese momento no nos pertenecen, son suyas, y nosotros simplemente nos hemos sintonizado con ellas.

En los niños menores de ocho años, esta situación se da con mucha frecuencia. Padres, abuelos y otros familiares con los que conviven son los verdaderos responsables de muchas de las emociones que sienten los más pequeños. Los niños sintonizan emocionalmente con gran facilidad, hasta el punto de que muchos bloqueos emocionales y traumas que arrastramos siendo adultos provienen de esa etapa infantil, y fueron adquiridos como consecuencia de la resonancia con nuestros familiares.

Las emociones que provienen del entorno y que absorbemos por resonancia son fáciles de eliminar. Por lo general basta con tomar conciencia del *propietario* real de esas emociones.

En la mayoría de las situaciones, eliminar temporalmente cualquier emoción que estés sintiendo acostumbra a ser muy fácil. Basta con que te pases un imán desde el entrecejo hasta la nuca diez, quince o veinte veces, mientras repites mentalmente «Dejo marchar esta emoción». Vendría a ser como un masaje a nivel emocional o como tomar un calmante para un dolor, calma pero no cura.

Si deseas profundizar en la gestión de tus emociones, en el anexo A de este libro encontrarás ejercicios que te servirán de guía.

COMUNICÁNDOTE CON TU SUBCONSCIENTE. EL TEST MUSCULAR

Si quieres cambiar tu programación subconsciente deberás permitir que sea este quien te guíe.

Como ya sabes, el subconsciente es un autómata, que responde «sin pensar» a los estímulos que recibe en cada instante. Una de las respuestas que genera es un impulso electromagnético que recorre todo nuestro cuerpo, llegando a todos los músculos, y que genera distintas tensiones musculares en función del estímulo recibido.

Ya se trate de estímulos físicos, emocionales, intelectuales o de cualquier otro tipo, la respuesta que genera tu subconsciente es siempre idéntica y reproducible. Los estímulos interpretados por tu subconsciente como benignos o positivos generan fortaleza en nuestros músculos, mientras que los estímulos interpretados como hostiles o negativos generan debilidad repentina. Es por ello que cuando realizamos cualquier afirmación, nuestros músculos responden instantáneamente debilitándose si nuestro subconsciente considera que es falsa.

Ese mismo impulso electromagnético que hace a nuestros músculos reaccionar de ese modo es el que se mide en el polígrafo o máquina de la verdad.

Todos los músculos reciben la misma señal energética, lo que posibilita que tengamos a nuestra disposición muchos test musculares distintos. En caso de no haber utilizado nunca ningún test muscular, te recomendamos dediques el tiempo necesario para familiarizarte con el que consideramos más sencillo, el *test muscular del balanceo*, que encontrarás en el anexo 1A.

Si deseas experimentar con otros test musculares, en el libro Método INTEGRA encontrarás varios. Asimismo, en youtube encontrarás vídeos tutoriales de Ricardo Eiriz en los que explica diversos test musculares.

Con el test muscular del balanceo lo habitual es tener respuestas claras con facilidad y rapidez. Simplemente confía en tus respuestas y recuerda que la práctica hace al maestro, de modo que cuanto más practiques, sin importarte la respuesta obtenida a cada pregunta que realices, mayor sensibilidad tendrás para identificar las respuestas.

El test muscular va a convertirse en una parte fundamental del proceso que te llevará a recuperar tu poder personal. Se trata de la herramienta que te permitirá saber dónde estás en cada momento y cuál es el camino a seguir para alcanzar tu objetivo.

Este test es la pieza clave para avanzar correctamente en tu transformación. Una vez dominado te resultará muy fácil llevar a cabo todos los demás ejercicios que aparecen en este libro.

A continuación te animamos a que utilices el test muscular para identificar algunas de las creencias que actualmente están dirigiendo tu vida.

Antes de interrogar a tu subconsciente, reflexiona por un momento si crees tener interiorizadas cada una de las creencias que aparecen a continuación. Rellena la primera columna (Lo que piensas) indicando sí o no, según consideres tener o no tener esa creencia.

	LO QUE PIENSAS	TU REALIDAD
1. Me acepto y me amo tal y como soy		
2. Me permito equivocarme		
3. Agradezco cada día mi vida y todo lo que hay en ella		
4. Merezco ser aceptado, respetado y valorado tal y como soy		
5. Soy humilde y reconozco mis errores		
6. Mantengo mi estabilidad emocional con independencia de lo que digan o hagan los demás		
7. Soy capaz de elegir cómo vivir internamente cualquier situación		

	LO QUE PIENSAS	TU REALIDAD
8. Confío plenamente en las decisiones que tomo		
9. Mi valía está en lo que soy, independientemente de mis resultados		
10. La vida es maravillosa y la vivo con amor, fortaleza y confianza		

Ahora que ya sabes lo que crees a nivel consciente, ha llegado el momento de interrogar a tu subconsciente para saber cuál es realmente tu programación. Basta con que leas de una en una las creencias y observes la respuesta que te da tu test muscular. Si la respuesta es un *sí*, esa creencia la tienes interiorizada. Si es un *no*, esa creencia no forma parte de tu programación. Ahora rellenarás la segunda columna de la tabla anterior (Tu realidad) con las respuestas que vayas obteniendo, pero antes lee las instrucciones de los siguientes párrafos.

Procura no entrar a valorar o juzgar los resultados que vayas obteniendo. Permítete simplemente llevar a cabo este proceso de autodescubrimiento con la tranquilidad y confianza de que, con independencia de tu realidad actual, al finalizar el proceso estarás mucho más cerca de ser la persona que deseas.

Si lo que vas descubriendo no encaja con lo que pensabas o te gustaría, no te sientas afectado negativamente ya que los siguientes capítulos te brindarán la ocasión de cambiarlo. Además, conocer tu realidad al inicio del proceso te permitirá valorar el importante salto que, a buen seguro, habrás realizado al finalizar este libro.

Por muy sorprendente que te parezca lo que descubras, una vez que reflexiones sobre ello, te darás cuenta de que las respuestas que obtienes de tu subconsciente a través del test muscular siempre muestran la verdad.

Deja de lado toda suposición o creencia que tengas respecto del posible resultado en cada pregunta, y permanece abierto a cualquier respuesta. Si en algún momento del proceso te cuesta obtener respuestas, respira profundamente e hidrátate la boca.

Ahora sí, procede a obtener las respuestas correspondientes a la columna «Tu realidad» de la tabla anterior.

Es muy probable que algunas de las respuestas obtenidas en el proceso te hayan sorprendido. Es lo habitual. De ser así, habrá supuesto el primer paso para dejar atrás tus dudas respecto de la posible interferencia que generas con tu pensamiento a la hora de utilizar el test muscular.

A partir de ahora cada vez que nos refiramos al test muscular lo haremos como TM.

Ha llegado la hora de aprender a poner las dos primeras piezas del puzle de tu subconsciente. Vas a aprender a identificar y liberar traumas y bloqueos emocionales. Se trata de los dos disparadores de emociones más importantes.

Lo que vas a hacer a continuación es dejarte guiar por tu subconsciente para identificar si tienes algún trauma y/o algún bloqueo, que te impidan desarrollar tu poder personal, y en caso afirmativo, deshacerte de ellos para siempre. De este modo, además de eliminar estos dos disparadores de las emociones que te alejan de esa vida que deseas vivir, establecerás las condiciones necesarias para posteriormente poder programar las creencias que te lleven a desarrollar todo tu poder personal.

Si por alguna razón has sido incapaz de obtener respuestas fiables con el TM, continúa igualmente con el proceso. Simplemente sigue las instrucciones que se indican en este capítulo y en el siguiente saltando las consultas que se realizan mediante el TM. De este modo llevarás a cabo las transformaciones necesarias, con la salvedad de que no habrás podido identificar la necesidad o no de realizar cada parte del proceso, y tampoco tendrás la confirmación final de la transformación realizada.

Aplicar las técnicas de liberación de traumas y de bloqueos emocionales que verás a continuación sin haber verificado previamente la existencia o no de los mismos, no supone ningún riesgo. En esos casos la intención que debe dirigir el proceso es la de «liberar aquello que deba ser liberado para alcanzar el objetivo».

Estás a punto de descubrir dos técnicas que te darán libertad para ser quien realmente quieras ser y para vivir la vida que desees. Se trata de técnicas tremendamente simples, rápidas, poderosas y efectivas, y pueden ser aprendidas y utilizadas por cualquiera.

LIBERACIÓN DE TRAUMAS EMOCIONALES

Los traumas son bloqueos energéticos poderosos que generan en quien los sufre una especie de cortocircuito emocional.

Su origen está en sucesos estresantes que vivimos y que somos incapaces de digerir. Es habitual que aparezcan cuando somos testigos de un hecho vinculado al daño o la muerte de otro ser humano, cuando recibimos una noticia inesperada (o no aceptada) y trágica relacionada con un ser querido, o cuando somos víctimas en primera persona de algún episodio doloroso, como abusos sexuales, agresiones físicas, atracos con violencia, acoso laboral o escolar, accidentes graves, etc.

El resultado es una coraza o escudo energético protector, que nos ponemos inconscientemente, y protege a nuestro corazón del sufrimiento que encontraríamos al vivir con intensidad los avatares del día a día.

Aquel que tiene un trauma emocional mantiene adormecidos buena parte de sus sentimientos, lo cual puede tener efectos en cualquier ámbito de su vida, incluida la salud, los estados emocionales, las relaciones o los estados mentales.

Problemas digestivos, dolores crónicos, dolencias físicas de cualquier tipo, depresión, ansiedad, inseguridad permanente, falta de motivación o desinterés por la vida en general son frecuentes en estos casos.

Un trauma emocional temprano en la vida de cualquier persona puede significar un freno enorme en su evolución emocional y madurativa.

Nuestra programación subconsciente en el momento de vivir la experiencia traumática es la que facilita o posibilita la generación de traumas emocionales. No son por lo tanto traumáticas las circunstancias, sino nuestra forma de interpretarlas y de responder a ellas.

Al tratarse de una pieza independiente para nuestro subconsciente, los traumas no se detectan cuando preguntamos por la existencia de bloqueos emocionales.

Podemos tener traumas emocionales fácilmente identificables por lo incapacitantes que se vuelven para quien los sufre, mientras que otros pueden afectar de forma selectiva en ámbitos concretos de la vida de una persona, lo que dificulta su identificación a simple vista.

En cualquier caso, no vamos a identificar los traumas a través de ningún síntoma que puedas tener. Lo haremos preguntando directamente a tu subconsciente.

Otro concepto importante a tener en cuenta, y que nos será muy útil a la hora de liberar un trauma, es que este se caracteriza por tener activada una red neuronal de forma permanente. De ahí el término cortocircuito emocional al que hacíamos referencia al inicio de este apartado.

Esta especie de cortocircuito a nivel neuronal nos mantiene vibrando de forma constante en una determinada emoción, impidiéndonos sintonizar, y por lo tanto sentir con intensidad, otras emociones.

La existencia de un trauma que nos afecta de forma general en todos los ámbitos de nuestra vida, como por ejemplo la muerte de un hijo, un padre, u otro ser muy querido, limita la activación de emociones por las otras vías que hemos visto. Los bloqueos emocionales, nuestras creencias y la resonancia con el entorno adquieren un papel totalmente secundario.

La liberación de traumas que aprenderás a continuación, permite desconectar ese cortocircuito. Literalmente desactivamos punto por punto la red neuronal que se mantiene activa. Esta situación libera a la persona para sentir con mayor intensidad todas las emociones, tanto las de vibración elevada (las que nos agradan) como las de vibración baja (las que nos desagradan).

Al liberar un trauma abrimos la puerta a que los demás disparadores de emociones recobren su capacidad de despertar emociones intensas, y pasamos por ejemplo a sentir con mayor intensidad la coherencia o incoherencia existente entre nuestra vida y nuestras creencias. Es por esta razón que, en ocasiones, la liberación de un trauma emocional genera desconcierto en algunas personas, ya que se descubren «sintiéndose mal», cuando esperaban ser felices.

Como entenderás, liberar un trauma es tan solo poner una de las piezas. Si únicamente faltaba esa pieza, fantástico, objetivo conseguido. Pero si, como acostumbra a ocurrir, son más las piezas que faltan, tan solo habremos recorrido una parte del camino.

La técnica que te proponemos para deshacerte con facilidad y rapidez del trauma emocional que te impide brillar intensamente, ha sido desarrollada por Ricardo Eiriz, y forma parte de Método INTEGRA. En el anexo 1B tienes las instrucciones para aplicarla correctamente. En youtube también puedes encontrar algún tutorial de Ricardo en el que explica cómo utilizar esta técnica.

En caso de no haberla utilizado nunca, te recomendamos que dediques el tiempo necesario para familiarizarte con ella.

Ahora que ya sabes liberar traumas, ha llegado el momento de identificar si tienes alguno que te frene en la recuperación de tu poder personal. Pregunta por medio de TM si

TM: ¿Tengo algún trauma emocional, en cualquier nivel, que me impida desarrollar mi poder personal?

En caso afirmativo, pasa directamente al punto tres del proceso de liberación de traumas que tienes en el anexo 2A.

Una vez libre de traumas emocionales para poder alcanzar el objetivo de este libro, puedes pasar al siguiente punto y deshacerte, en caso de existir, del bloqueo emocional que te impida desarrollar tu poder personal.

LIBERACIÓN DE BLOQUEOS EMOCIONALES

En mayor o menor medida, prácticamente todos tenemos bloqueos emocionales. El simple hecho de vivir nos lleva a experimentar situaciones en nuestro día a día que disparan estados emocionales variados, provocando que la mayoría de nosotros vayamos almacenando memorias celulares a nivel emocional. Cualquier vivencia posterior que nos genere una emoción similar a la que quedó atrapada la refuerza y amplifica.

Únicamente los bloqueos emocionales «negativos» serán objeto de liberación por medio de esta técnica. Los generados a partir de emociones positivas resultan altamente beneficiosos y son por tanto deseables.

Para alcanzar el objetivo de recuperar tu poder personal nos centraremos de forma exclusiva en la liberación, en caso de existir, de aquel bloqueo emocional relacionado con las áreas de desarrollo especificadas en el próximo capítulo.

En cualquier caso, debes saber que buena parte de las patologías físicas y emocionales que sufrimos tienen su origen en estos bloqueos, por lo que también puedes utilizar la liberación de bloqueos emocionales como complemento a la medicina para tratar cualquier enfermedad.

Desde la desaparición de cánceres en pocos días o semanas, hasta conseguir un trabajo que se te resistía desde hace años, pasando por todo tipo de recuperaciones a nivel emocional son ejemplos de situaciones con las que nos encontramos a diario al liberar el bloqueo emocional relacionado.

Los resultados al liberar bloqueos emocionales pueden notarse de forma instantánea, especialmente cuando existe algún tipo de malestar físico o emocional, aunque en la mayoría de las ocasiones los efectos son más sutiles y se observan con el paso de las horas o los días.

La técnica de liberación de bloqueos emocionales que te proponemos es el *RESET emocional*, de Método INTEGRA, diseñada por Ricardo Eiriz para liberar bloqueos de forma rápida, neutralizando sus energías latentes. En el anexo 1C tienes las instrucciones para aplicarla correctamente. Asimismo, en youtube puedes encontrar algún tutorial de Ricardo en el que explica cómo utilizar esta técnica.

En caso de no haberla utilizado nunca, te recomendamos que dediques el tiempo necesario para familiarizarte con ella.

Por lo general, los bloqueos emocionales liberados desaparecen para siempre. Eso no impide que puedan aparecer en el futuro otros bloqueos similares como consecuencia de nuestras experiencias del día a día.

Ahora que ya sabes liberar bloqueos emocionales, ha llegado el momento de identificar si tienes alguno que te frene en la recuperación de tu poder personal. Pregunta por medio de TM.

TM: ¿Tengo algún bloqueo emocional que me impida desarrollar mi poder personal?

En caso afirmativo, pasa directamente al punto 3 del *RESET emocional* que tienes en el anexo 2C.

Has llegado al final de la primera parte de tu transformación. Te has sacudido de todas esas memorias emocionales que te mantenían amarrado a puerto. Ahora te resta el trabajo más bonito, el de programarte con las creencias que te permitirán aplicar tu poder personal a tu vida diaria.

2

TUS CREENCIAS, LA FUENTE DE TU PODER PERSONAL

Todo tiene belleza,
pero no todo el mundo puede verla.

Confucio

Nuestras creencias se sustentan en ideas que tenemos asimiladas y fijadas en nuestro subconsciente. A estos pensamientos, tanto si nos damos cuenta como si no, les damos la categoría de verdad absoluta y son el filtro a través del cual interpretamos la realidad. Hay creencias que pueden reforzar nuestro poder personal y otras lo pueden debilitar, depende de si esas verdades prefijadas nos apoyan o nos frenan.

Las ideas que tenemos de nuestra propia valía personal condicionan nuestra visión sobre nosotros mismos y nos hacen más o menos capaces de alcanzar nuestras metas, más o menos merecedores de conseguir nuestros objetivos, etc.

Si creo que no soy suficientemente bueno para conseguir el puesto de trabajo que quiero, mis creencias me llevarán a boicotearme a mí mismo para no lograrlo. Quizás me ponga nervioso en la entrevista de trabajo y sea incapaz de responder con seguridad a las preguntas; o incluso puede que ni siquiera me presente como candidato, ya que tendré la absoluta certeza de que no puedo conseguirlo. De hecho, este tipo de creencias nos llevan habitualmente a renunciar a nuestros objetivos incluso antes de intentarlo.

Si la creencia de mi propia valía personal hubiera sido otra, una que me aportara capacidad y seguridad en lugar de ineptitud y desconfianza, mi actitud en esa misma entrevista de trabajo hubiera sido más segura y positiva.

Muchas de las creencias que debilitan nuestro poder personal se construyeron cuando éramos niños. Hasta los ocho años, la frecuencia en que trabaja el cerebro de los niños es tan baja que toda la información recibida llega directamente al subconsciente, sin atravesar ningún filtro. En esas edades aceptamos como verdad todo lo que nos dicen nuestros padres, nuestros profesores, o incluso todo lo que vemos en la televisión. Además, de niños observamos e interpretamos la realidad de forma muy diferente a como lo hace un adulto. Cuando de forma repetida un padre, cansado de trabajar, al llegar a casa no hace caso a su hijo, este puede interpretar la situación como que él no es suficientemente bueno para recibir su atención. El niño no puede ver la parte en la que su padre está física o mentalmente agotado y necesita un descanso. Únicamente percibe e interpreta desde su propia vivencia, dándole significado en ese nivel. Cuando esa situación se repite, la interpretación que el niño hace se convierte en una verdad absoluta. Al crecer y hacernos adultos, muchas de esas verdades siguen dominando nuestro comportamiento.

> Si las creencias que almacenamos son destructivas o limitantes, no nos ayudan a sentirnos bien con nosotros mismos ni a lograr nuestros propósitos.

Si vives en la inseguridad y te falta poder personal, da por seguro que tu subconsciente tiene almacenadas muchas creencias limitantes. Tu forma de ver e interpretar el mundo y a ti mismo te debilita en lugar de fortalecerte. Para recuperar el poder personal es esencial cambiar todas esas creencias que te alejan de la persona que deseas ser.

Afortunadamente, tenemos la capacidad de ver e interpretar la realidad, y a nosotros mismos, en base a ideas y conceptos que nos fortalecen. Podemos, de forma fácil, cambiar nuestras creencias para generar comportamientos basados en la seguridad personal, la confianza y la capacidad de lograr las metas que nos propongamos.

En este apartado vamos a ver los conceptos que sustentan el poder personal. Es probable que algunas de las ideas que leas a continuación vayan en contra de tus actuales creencias. Muy lógico si tu vida no discurre como te gustaría. Recuerda que para recuperar tu poder personal necesitas cambiar las creencias que ahora te limitan por otras que te den capacidad.

Descubre ahora las ideas que te van a permitir ser dueño de ti mismo y de tu vida.

¿QUÉ ES EL PODER PERSONAL?

Nosotros concebimos el poder personal como la **capacidad interior que todos tenemos para controlar e influir en nuestra experiencia de vida.**

Se trata de una fuerza interna que nos da la capacidad de estar al cargo de nuestra vida y de manejar nuestros estados emocionales en cada momento.

La palabra *poder* puede ser utilizada con distintas connotaciones semánticas, por lo que es importante especificar que en este libro únicamente nos sirve para hacer referencia a esa fuerza que nos aporta certeza y confianza en nuestras capacidades y en nosotros mismos. Se trata de una connotación que hace referencia exclusivamente al propio individuo y no a la relación de este con quienes lo rodean.

En ningún caso nos referimos al *poder* desde la perspectiva de la jerarquía, el liderazgo, la manipulación, la superioridad, o cualquier otra connotación ajena a esa fuerza interior definida en el párrafo anterior.

Es esencial destacar que al hablar de poder personal estamos asumiendo nuestra propia responsabilidad en aceptar y gestionarlo, ya que cada individuo es el único responsable de su propio poder.

En definitiva, el poder personal es la actitud interna que puedo utilizar para dirigir mi vida, pero a la que también puedo renunciar, dejando así que mi vida vaya a la deriva y sea controlada y dirigida por otros.

Yo soy el único responsable de mis decisiones, actitudes y acciones.

¿CUÁNDO NO TENGO PODER PERSONAL?

Nos alejamos de nuestro poder personal cuando permitimos que los demás, o las circunstancias, decidan por nosotros sin hacer nada para influir en la manera de vivir esa experiencia.

Por ejemplo, una persona que no tiene trabajo y culpa a la crisis, a la empresa que lo despidió o al Gobierno. Esa persona prefiere creer que son otros, o que es la situación económica actual, lo que le impide encontrar trabajo. Sus creencias le impulsan a dejar su poder personal en manos del azar o de otras personas. Este tipo de actitudes nos impide mejorar la vivencia interna del problema y frena nuestra capacidad de acción, por lo que nos quita el poder que tenemos para generar una realidad que nos guste.

Haciendo un poco de introspección, podemos reconocer en nosotros mismos algunas actitudes que habitualmente nos quitan el poder personal:

Cuando me hago la víctima. Victimizarse ante un conflicto o un problema es la estrategia que muchos utilizan para eludir la culpa. Puede que al hacerlo no se sientan culpables, pero al mismo tiempo evitan responsabilizarse de su situación. Solo cuando asumimos nuestra responsabilidad podemos influir en nuestra vida, dirigirla y cambiarla.

El chantaje emocional que algunos utilizan inconscientemente para intentar que los demás actúen del modo en que ellos desean, es un ejemplo de falta de poder personal. Quien se hace la víctima traslada al mundo el mensaje de que no tiene el control de su vida.

Cuando culpo a los demás. Responsabilizar a los demás, o a las circunstancias, es una estratagema para eximirse de toda responsabilidad. El miedo al castigo, ya sea un castigo real, en forma de desaprobación, vergüenza, rechazo, o simplemente ante la incertidumbre de lo que pueda pasar suele estar detrás de este tipo de comportamiento. No asumiendo nuestra responsabilidad perdemos nuestro poder personal y dejamos nuestra vida en manos de las decisiones y acciones de los demás.

Culpar a tu expareja del estado depresivo en que quedaste sumido tras una relación que acabó hace años, y de la que no has sido capaz de reponerte, es un modo de negar la realidad y de no asumir el poder que tienes para controlar y cambiar tu vida y tus estados emocionales.

Cuando espero ser rescatado o que los demás cambien. Dejar de actuar en espera de que sean los demás quienes lo hagan por mí, significa vivir de forma pasiva, poniendo la capacidad de resolver nuestros problemas y el control de nuestra vida en manos de otros. Esta actitud es habitual cuando hay insatisfacción y desmotivación. Quienes actúan de este modo esperan que sean los demás quienes los salven o resuelvan sus problemas, incluso se creen en el derecho de exigir que así sea. Este enfoque nos lleva a esperar recibir regalos del cielo que cambien nuestra vida sin hacer ni modificar nada. Espero o exijo que las personas de mi entorno cambien para que mi vida sea perfecta, sin yo tener que hacer o cambiar nada. Cuando espero un cambio sin siquiera ajustar mi actitud interna estoy dejando mi poder personal en manos de los demás.

Poner todas las expectativas para que una relación cambie exclusivamente en el cambio de la otra parte es renunciar a nuestro poder personal. Cambiando uno mismo la relación cambia.

Cuando dejo que otros tomen las decisiones por mí. Al dudar sistemáticamente de mis decisiones, me siento obligado interiormente a seguir las decisiones de otros, y me siento más seguro si delego cualquier decisión en ellos. Lo que hago realmente es renunciar a mi poder personal. Tanto la indecisión como la omisión de decisión son a su vez decisiones. La duda, el miedo, la inseguridad, la falta de confianza, etc. están detrás de la incapacidad de tomar una decisión. Lo que pierden de vista estas personas es que en realidad están decidiendo sin darse cuenta. Su decisión es delegar en otros.

Hay quienes convierten su vida en una continua lucha interna ante cualquier decisión que deban tomar. Alargan tanto el proceso de decisión que finalmente son las circunstancias (u otras personas) quienes deciden por ellos. A medida que pasa el tiempo las opciones de decisión se van reduciendo, hasta que llega un momento en el que desaparecen casi todas las opciones, y se ven obligados a actuar del único modo que es posible en ese momento. En el fondo es una forma de evitar tomar decisiones.

Cuando escondo mi verdadero yo detrás de una máscara. Mostrarse tal y como son supone para algunos una amenaza. La búsqueda de la aceptación, del reconocimiento o de la aprobación de los demás les lleva a evitarlo. Estas personas muestran una imagen falsa de sí mismas, en base a la creencia de que podrán conseguir con mayor facilidad su objetivo. Cuando se las observa lo que se ve en ellas es una total incoherencia, algo que provoca rechazo. Por eso acaban rodeadas únicamente de personas como ellas.

El exceso de perfeccionismo, cuando la persona se ve obligada a ser cada vez mejor para demostrar o mantener su falsa imagen ideal, conduce a la sensación permanente de inseguridad y a la amenaza que trae consigo el miedo a quedar expuesto.

En este caso también estamos renunciando a nuestro poder personal, ya que lo estamos poniendo en manos del consentimiento o aprobación de los otros.

La falta de poder personal suele ir acompañada de emociones negativas y desagradables. El sentimiento de no ser capaz de controlar nuestra propia vida acarrea una serie de estados emocionales que nos informan de que algo va mal en nuestro interior. El miedo, la inseguridad, la sensación de rechazo, el sentirse en peligro o amenaza, la queja, el perfeccionismo o la exigencia extrema... son estados habituales cuando dejamos nuestro poder en manos de otros.

Una vez eliminados los traumas y los bloqueos emocionales como elementos disparadores, las emociones son un excelente indicador del nivel de coherencia entre tus creencias y las experiencias que estás viviendo. Si, por ejemplo, crees que tu yo verdadero no es suficientemente bueno y que si los demás lo descubren te van a rechazar, cuando te expongas ante la gente —dando una charla, interpretando una obra...— tus emociones te avisarán de que estás en peligro, y aparecerán los nervios, el miedo, el sudor, las palpitaciones, quizás incluso un ligero o gran tartamudeo. Las emociones que sientas en ese instante son un indicador de que tus creencias, y en general toda tu programación a nivel subconsciente, interpretan como una situación de amenaza lo que estás haciendo, de ahí que tu cuerpo reaccione como si tuviera que afrontar un peligro. Aunque ese peligro sea tan solo una idea o un miedo a una hipotética situación futura que podría llegarse a producir.

La mayoría de nosotros crecemos sin saber cómo gestionar la rabia, el miedo, la tristeza, la vergüenza, la ansiedad, el rechazo, o cualquier otra emoción que nos desagrada. Por desgracia la gestión emocional no se encuentra dentro del aprendizaje curricular de los colegios, y su aprendizaje queda relegado al ámbito familiar.

A nivel social tampoco se toleran demasiado ese tipo de manifestaciones emocionales intensas, y de niños aprendemos rápidamente que debemos evitar mostrar a los demás determinados estados emocionales. No aprendemos a expresar ni a gestionar las emociones desagradables que vivimos.

Ya de adultos, las estrategias que utilizamos cuando sentimos ese tipo de emociones son las que hemos aprendido de niños:

- Negar o rechazar ciertas emociones.
- Esconder las emociones o buscar distracciones para no sentirlas.
- Quejarnos de los problemas externos para justificar nuestra incapacidad de gestionar nuestras emociones.
- Luchar en contra de esas emociones desagradables para vencerlas y dejar de sentirlas.

Gastamos mucho tiempo, energía y esfuerzo en estrategias que no nos conducen a la resolución real de nuestro problema. En lugar de centrarnos en encontrar una solución que haga desaparecer definitivamente esa emoción, nos oponemos a lo que sentimos porque no sabemos qué hacer con ello.

Pero por más lucha, oposición, distracción, negación o queja que surja, si no busco la forma de solucionar el problema de fondo, las emociones desagradables no van a desaparecer. Incluso luchar contra ellas no sirve, ya que el problema no es la emoción en sí, sino lo que genera dicha emoción. Mientras no tengamos resuelto esto en nuestro interior, las emociones no se van a apaciguar.

Al igual que ocurre con los síntomas de las enfermedades, las emociones son únicamente indicadores, no son el enemigo a vencer. Detectar y escuchar las emociones que ciertas situaciones nos despiertan nos va a ser de mucha utilidad para conocer nuestras necesidades no resueltas. Las emociones nos van a indicar el camino a seguir para cambiar lo que está funcionando de forma incoherente o de forma inútil en nuestro interior.

Si por ejemplo me enfado cada vez que mi pareja no me presta atención, esa rabia me puede indicar que vivo esa circunstancia como una situación de injusticia o de abandono. Si quiero dejar de sentir rabia, debo actuar para resolver el problema, no para eliminar la rabia. La solución del conflicto puede ser variopinta, desde actuar y hablarlo con la pareja, hasta cambiar la actitud interna para vivir la situación de un modo distinto. Cada persona es libre para decidir cómo quiere gestionar su problema. Pero si no lo gestiona, continuará viviendo la misma realidad.

CAMBIO DE ACTITUD

Cuando hemos perdido nuestro poder personal solemos vivir en una contradicción: **no me siento bien con mi vida, pero no hago nada útil para cambiar.**

Quizás estés actuando para cambiar una situación, pero si no funciona, no son acciones ni útiles ni adecuadas. Si tus estrategias y soluciones no te ayudan a conseguir tu propósito, no te sirven de nada. Recuerda que tu programación subconsciente actual te lleva a reaccionar siempre de una misma manera. Si no la cambias, difícilmente serás capaz de encontrar una estrategia que de verdad te sea útil para resolver el problema.

Recuperar el poder personal requiere cambiar nuestra actitud interna. No se trata de demostrar a los demás que ya somos mejores, más fuertes o más capaces; eso nos seguiría manteniendo en un estado de falta de poder, porque seguiríamos necesitando el reconocimiento ajeno. Se trata de un cambio interno donde yo mismo me reconozco y me siento seguro siendo quien soy, sin la aprobación ni la valoración de nadie externo a mí mismo. Cuando internamente sentimos confianza podemos actuar y expresarnos hacia fuera con seguridad y naturalidad.

> Lo que realmente marca la diferencia en las personas es la actitud con la que afrontan las distintas vicisitudes que se presentan en su vida.

Vamos a cimentar ese cambio de actitud interna que nos llevará a recuperar nuestro poder personal en cuatro pilares esenciales: Aceptación, valoración, confianza y seguridad

Cada uno de estos pilares sustenta el otro, es la base del siguiente. Si no me acepto tal y como soy, difícilmente seré capaz de valorarme. Si no me valoro tendré serias dificultades para confiar en mí mismo. Y sin confianza, jamás me sentiré seguro.

En los próximos apartados vamos a ver lo que representa en nuestras vidas cada uno de estos pilares. Para cada pilar acabaremos definiendo un conjunto de creencias que te permitirán, en el momento en

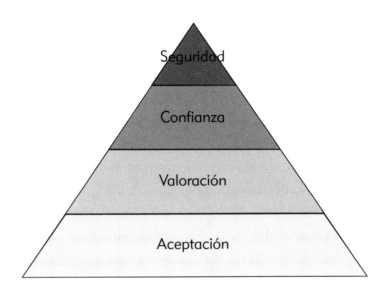

que las grabes, interiorizar todos los conceptos para alinear tu subconsciente en la dirección adecuada.

Ahora bien, antes de entrar a conocer e interiorizar cada uno de estos pilares, debes saber cómo grabar las creencias que te iremos indicando.

Grabar creencias en nuestro subconsciente es muy fácil. Todos lo hacemos a diario sin ser conscientes de ello. Son muchas las técnicas que permiten hacerlo con mayor o menor facilidad y rapidez. En el anexo 1D te indicamos el camino más fácil y rápido que conocemos para hacerlo. Se trata de una técnica de grabación de creencias utilizada en Método INTEGRA y diseñada por Ricardo Eiriz. Si lo deseas, en youtube encontrarás tutoriales en los que Ricardo explica cómo aplicar esta técnica.

Al igual que hicimos con la liberación de traumas y de bloqueos emocionales, abordaremos la grabación de creencias sin tener que buscar el origen de las creencias actuales. De hecho, sin ni siquiera identificar cuáles son las creencias que actualmente están dirigiendo nuestra vida.

Nuestra manera de abordarlo consiste en mirar directamente al futuro. Nos basta con tener claramente definidas las creencias que deseas que dirijan tu vida a partir de ahora y obtener el permiso de tu subconsciente, para proceder con su grabación.

Nos centraremos por lo tanto en grabar las creencias que deseamos tener, sin que sea preciso borrar específicamente las creencias opuestas. En el momento en que grabamos una determinada creencia, su creencia opuesta, en caso de tenerla previamente interiorizada, desaparece de forma automática.

Recuerda que es tu subconsciente quien te guía en todo momento durante el proceso, indicándote cuándo una creencia está ya interiorizada, y en caso de no estarlo, si puedes grabarla en este momento.

Es probable que alguna de las creencias que van apareciendo a lo largo del libro ya las tengas integradas a nivel subconsciente. En ese caso, si lo deseas puedes saltarla y pasar a la siguiente creencia. Si deseas grabarla aun estando interiorizada, lo que conseguirás es reforzar las conexiones neuronales utilizadas por esa creencia.

Ahora que ya sabes grabar creencias a placer, estás preparado para programar tu futuro. Sé paciente y consciente de que lo que estás a punto de comenzar es realmente un proceso de transformación interior, que te permitirá dar un salto cuantitativo y cualitativo en tus capacidades personales.

Nuestra recomendación es que no realices toda la grabación de creencias que te proponemos en este libro el mismo día. Otórgate el placer de degustarlo, de ir grabando paulatinamente en distintos días cada uno de los cuatro módulos que te presentamos (ver anexo 1D). De este modo podrás ir disfrutando gradualmente los cambios en tu forma de ver y afrontar la vida.

ACEPTACIÓN

*Tolerar y asumir sin oposición quién soy
ahora y cómo es mi vida ahora.*

Únicamente cuando soy capaz de aceptar mi realidad soy capaz de afrontarla, actuar, cambiarla y vivirla plenamente.

La no aceptación de una situación, ya sea porque no me gusta, porque me hace daño o incluso porque no es mi situación ideal, suele llevarme al rechazo. Y cuando hay rechazo mi energía se centra en luchar contra lo que no quiero, y eso no me conduce al cambio real.

Aquello en lo que ponemos nuestra atención es lo que generamos. Consecuentemente, si nuestra atención se centra en lo que no queremos seguiremos atados a esa situación, ya que nos estamos enfocando en lo que rechazamos en lugar de enfocarnos en lo que verdaderamente deseamos.

Por lo general, hasta que no aceptamos la situación, somos incapaces de enfocarnos en lo que sí queremos. La aceptación te da el poder de asumir el problema y de ser capaz de afrontarlo. Mientras sigas negando o rechazando lo que no quieres, no vas a ser capaz de admitir el problema y tampoco vas a ser capaz de buscar la forma de resolverlo definitivamente.

> No se trata de resignarse, se trata de vivir la vida sin oposición y avanzar hacia dónde quieres.

Aceptar no significa resignarse. La aceptación de la que hablamos en este libro no es un freno para el cambio ni para la mejora. La resignación, por el contrario, sí que supone un freno, un estancamiento, ya que es una renuncia expresa a cambiar. Cuando te resignas a soportar la situación que estás viviendo, aunque esté mal o te haga daño, estás interiorizando a nivel de tus creencias más profundas, que esa situación es la que debes, y probablemente mereces vivir.

Cuando te opones o te resignas te conviertes en víctima, y sigues encadenado a aquello que no quieres. En cambio, cuando aceptas lo que estás viviendo (sin resignación) eres capaz de afrontar tu realidad, de centrarte en buscar soluciones, y de cambiar tu vida.

La aceptación conlleva muchas ventajas y, de cara a nuestro poder personal, ningún inconveniente.

- Aceptar supone renunciar al papel de víctima, lo que nos otorga el poder para actuar y dirigir nuestra vida de nuevo.
- Al aceptar el problema se reduce, ya que no nos molesta tanto, y consecuentemente no centramos nuestra atención en él.
- Aceptando dejo de oponerme y de resistir, lo que puede llevar incluso a la desaparición de las emociones «negativas», permitiéndome vivir la situación desde el equilibrio interior.
- La aceptación libera nuestra mente de luchas inútiles y nos permite enfocarnos en buscar estrategias y soluciones a los problemas con que nos enfrentamos. De hecho, en esta

situación, los problemas podemos convertirlos en desafíos.

• Una vez he aceptado la situación y he dejado ir las emociones que me atenazaban, dispongo de más energía (a nivel físico, mental y emocional) para conseguir mi propósito.

QUÉ DEBO HACER PARA ACEPTAR

La aceptación es una actitud interna, y necesita de un cambio en nuestra forma de interpretar la realidad. Eso significa que la aceptación debe ir más allá de nuestro pensamiento racional. Debe interiorizarse a nivel subconsciente.

Debemos dejar de ver como una amenaza las situaciones que nos desagradan, pasando a verlas como una oportunidad de mejora, de cambio, o simplemente como un paso más en el camino.

El problema reside en que podemos tener creencias y emociones negativas relacionadas con experiencias pasadas, que nos impidan hacer ese cambio de perspectiva. Cambiar la programación que nos lleva a interpretar la vida de ese modo es el camino más sencillo y rápido para vivir desde la aceptación.

Hay muchas herramientas que nos permiten liberarnos en mayor o menor medida de estas emociones y cambiar nuestras creencias subconscientes.

Nosotros usaremos el Método INTEGRA, ya que lo consideramos el camino más completo, rápido y eficaz para lograrlo.

Adicionalmente al trabajo de transformación que realizaremos a nivel subconsciente, podemos desarrollar y practicar la aceptación cambiando ciertas actitudes:

- Deja de quejarte o lamentarte.
- Permítete sentir tus emociones sin rechazarlas.
- Gestiona tus emociones. Pregúntate qué necesidad no resuelta hay detrás de cada emoción que sientes.
- Deja de luchar u oponerte a lo que no quieres. Si ocurre de ese modo es por alguna razón que quizás desconoces.
- Céntrate en buscar soluciones para afrontar tus problemas en lugar de evitarlos, rechazarlos, oponerte, resignarte o luchar en contra.
- Si la solución todavía no la percibes a tu alcance, sigue avanzando en su dirección: busca ayuda, aprende o practica para sentirte capaz de lograrlo.
- Cambia la percepción de tus problemas para que los veas como oportunidades en lugar de amenazas.
- Busca el lado positivo de cada situación.

- Deja de responsabilizarte o de querer tener el control de las cosas que están fuera de tu alcance. Asume que hay situaciones en las que el resultado no depende de ti.

Practicar la aceptación supone aceptarse a uno mismo, así como aceptar las circunstancias que se viven. Analicemos por separado estos dos ámbitos y veamos algunas acciones que nos pueden ayudar.

ACEPTAR QUIEN SOY Y LO QUE QUIERO

Reconocer y aceptar mis capacidades y cualidades me permite saber los recursos internos con que cuento y utilizarlos a mi favor. Si tienes el hábito de ver solo tus defectos y fallos, te resultará casi imposible recuperar tu poder personal, ya que este se sustenta en nuestras capacidades y fortalezas. Debes reconocer, valorar, apreciar y agradecer todo lo bueno que tienes, y aprender a sentirte cómodo con ello. Aunque no nos hayamos fijado hasta ahora, todos tenemos habilidades. Conocerlas y valorarlas nos hará sentirnos más capaces.

Uno de los grandes inconvenientes para lograr aceptar nuestras capacidades y cualidades es la falsa humildad. Esa actitud, tan común y reconocida en nuestra sociedad, que nos obliga a minimizar o esconder nuestras cualidades y nuestros méritos. Cuando evitamos o desdeñamos un cumplido, o cuando procuramos no mostrarnos para no dar la imagen de engreídos, estamos actuando bajo las directrices de la falsa humildad.

No hay nada malo en reconocerte a ti mismo aquello que se te da bien, sin tener la necesidad alardear o de demostrar que eres mejor que los demás. Basta con saberlo y sentir la fortaleza que te da la seguridad que ello te produce.

Reconocer y aceptar mis límites y defectos me permite saber hasta dónde puedo llegar y cuál es la dirección en la que debo desarrollar mi vida. Hay personas que se centran únicamente en sus defectos y eso destruye su autoestima, pero también hay personas que no son capaces de darse cuenta de sus límites o de los aspectos que deben mejorar. Es posible que el orgullo no les permita ver esa realidad, quizás tengan miedo de darse cuenta de que no son la persona que quieren demostrar ser, o puede que se sientan obligados a exigirse más de lo que pueden dar. Todos tenemos carencias y limitaciones. Conocerlas nos otorga el poder de aprender a gestionarlas o superarlas.

Además, reconocer nuestros defectos nos fortalece. Acostumbramos a esconder nuestras inseguridades para impedir que los demás nos hagan daño, pero cuando las aceptamos y no tenemos miedo a reconocerlas dejamos de ser vulnerables a ellas.

Reconocer y aceptar lo que quiero para mí me permite vivir con coherencia. Todos somos diferentes y necesitamos desarrollarnos según nuestros anhelos y necesidades. Aceptar y seguir nuestro propio camino, el que de verdad deseamos, nos permite vivir coherentemente y ser felices. Muchas veces la insatisfacción o la sensación de sentirse vacío y perdido se dan al estar lejos de nuestro camino, al sentir que nuestra vida no es lo que nos gustaría. Darse el tiempo y el permiso para identificar qué es lo que uno quiere y avanzar hacia ello es esencial para reencontrarse con uno mismo y recuperar el poder personal.

ACEPTAR MIS CIRCUNSTANCIAS

La aceptación de las circunstancias que vivimos requiere cambiar nuestra manera de ver la realidad. Debemos abandonar el papel de víctima y hacernos responsables de nuestras decisiones. Cuando asumimos la responsabilidad que nos corresponde, tenemos el poder para aceptar la situación y empezar a buscar soluciones para mejorar nuestra vivencia, ya sea impulsando un cambio de actitud, ya sea tomando decisiones y actuando para generar cambios externos.

Las circunstancias que vivimos son el resultado final de nuestras decisiones, acciones u omisiones. Si acepto y asumo mi responsabilidad automáticamente asumo que soy yo quien puede cambiar mi vida, y mi forma de vivirla.

Ante cualquier situación, puedas o no hacer algo para cambiarla, siempre tienes la opción de cambiar tu actitud interna. Si pierdes el trabajo, puedes escoger llenarte de rabia, tristeza o desánimo, o puedes escoger aceptar la situación y desarrollar emociones que te fortalezcan y te den capacidad para encontrar uno mejor.

Tu actitud interna no solo determina cómo vives cada situación, sino que además es el embrión de las decisiones que posteriormente tomas. Tu respuesta emocional ante cualquier situación únicamente depende de ti mismo.

Si nos afecta negativamente el resultado de una experiencia que está fuera de nuestro control, e incluso de nuestra responsabilidad, lo único que podemos hacer es cambiar nuestra forma de interpretar esa situación y de relacionarnos con ella. Si asumimos el rol de víctima, perdemos nuestro poder.

Cualquier situación te afectará emocionalmente tan solo si tú permites que lo haga. Por ejemplo, si tienes un problema con algún miembro de tu familia y no puedes hacer nada para cambiar la situación, o ya has probado todo lo que se te ha ocurrido y nada funciona para solucionar el conflicto, dejar de vivir negativamente esa situación, requiere cambiar tu forma de relacionarte con el conflicto. Aceptar la situación te permitirá cambiar tu actitud para que no te afecte o para dejarlo ir.

A continuación te indicamos las creencias que te llevarán a alinear tu subconsciente con los conceptos de aceptación que acabas de conocer. Utiliza el proceso de grabación del anexo 1D para convertirlas en parte de tu programación a nivel subconsciente.

CREENCIAS DE ACEPTACIÓN

1. Acepto vivir este momento tal y como es.
2. Dejo marchar completamente la necesidad de querer cambiar a los demás.
3. Todo en mi vida es correcto.
4. Me centro en construir lo que quiero para mí.
5. Me acepto y me amo tal y como soy.
6. Renuncio a la obligación de complacer a los demás.
7. Siempre me siento aceptado, respetado y valorado tal como soy.
8. Me siento aceptado y respetado en mi modo de expresarme.

9. Reconocer y aprender humildemente de mis errores me hace más fuerte y sabio.

10. Acepto y comprendo mis necesidades y me permito resolverlas.

11. Me es inútil e innecesario lamentarme.

12. Trabajo para crear la vida que deseo.

13. Me perdono mis errores y me libero de todo sentimiento de culpa.

14. Perdono los agravios recibidos.

15. Dejo marchar todo sentimiento de envidia y rencor.

16. Reconozco y acepto mis capacidades, y me siento a gusto con ellas.

17. Reconozco, acepto y asumo con humildad mis límites y dificultades.

18. Me permito comprender mis límites y aprender de ellos.

19. Tengo la firme determinación de aceptarme y expresarme tal y como soy en cada momento.

20. Merezco ser y sentirme aceptado, respetado y valorado tal y como soy.

21. Me doy el permiso para ser sincero conmigo mismo.

22. Me permito aceptar y perseguir lo que quiero y lo que necesito en mi vida.

23. Soy capaz de elegir cómo vivir internamente cualquier situación.

VALORACIÓN

*Reconocer y sentir que tienes valor por ser quien
eres, sin la necesidad de aprobación de los demás
y sin la necesidad de demostrar tu valía.*

Cuando uno se valora por quién es y no por lo que cree que se espera de él, está en condiciones de asumir su verdadera valía y de tener la libertad para ser él mismo.

Son nuestras creencias las que establecen los límites de nuestra valía personal, actuando como jueces implacables sobre nosotros mismos. Nuestras experiencias pasadas determinan las reglas de valoración con las que vivimos. Cuando esas experiencias te han llevado a asumir que no eres suficientemente valioso o que necesitas la aprobación de los demás para sentirte seguro y validado, siempre vas a sentir carencia en tu valía personal. En cambio, si has asumido que eres una persona con valor y que puedes ser tú mismo sin importar lo que piensen los demás, tus creencias te apoyarán en todo lo que te propongas.

La sociedad occidental admira a las personas que destacan por su inteligencia, sus conocimientos, sus resultados, su creatividad, sus riquezas o el éxito alcanzado, y no precisamente en este orden, lo que nos lleva a desarrollar creencias erróneas sobre lo que es valioso.

Crecemos pensando que solo tienen valor las personas a las que se les reconoce exteriormente dicho valor. Un buen ejemplo sería el caso de un médico de gran reputación. A nivel externo tiene buena parte de lo que la sociedad reconoce como valioso: conocimientos, pertenencias y resultados. Pero si su propia valía solo se sustenta en eso, en cualquier momento puede perderlo. Otro ejemplo interesante sería el de Vincent van Gogh, quien en vida jamás obtuvo el reconocimiento de su obra o de su trabajo, mientras que en la actualidad es considerado uno de los pintores más grandes de la historia.

Si te dejas llevar por el reconocimiento externo, has de saber que puede ser pasajero y altamente volátil. Depender de él, siempre te llevará a sentirte inseguro —ya sea por obtenerlo, ya sea para no perderlo—.

Si has crecido sin poder incorporar una creencia sana de valía personal, o con la idea de que solo eres valioso si eres capaz de demostrarlo o si alguien te lo reconoce externamente, sin duda te sientes inseguro de tu valor y de tus capacidades.

El perfeccionismo y la autoexigencia, muchas veces esconden una gran inseguridad personal. Persiguiendo la perfección en lo que hace, la persona pretende suplir esa falta de seguridad demostrando su valía y esperando ser reconocida por los demás. Eso se puede convertir en un círculo vicioso, altamente destructivo, donde al no alcanzarse la perfección en lo que se hace, nunca se llega a tener la suficiente valía.

La necesidad de demostrar la valía es la fuerza interna que guía a muchos en la búsqueda de la aceptación y el amor de los demás. El miedo al rechazo, al ridículo o al castigo suelen estar presentes cuando buscamos aprobación. Imagínate que hicieras lo que hicieras te aseguraran que los demás seguirían queriéndote y apoyándote. A buen seguro que de interiorizar esa afirmación, te relajarías y te atreverías más a ser tú mismo.

Tenemos dos opciones a la hora de plantearnos nuestro valor personal: hacer que dependa exclusivamente de nosotros, o bien dejar que sean los demás quienes establezcan nuestro valor.

Si tu idea de valor personal está centrada en la segunda de las opciones, jamás estará bajo tu control directo. Piensa que el dinero, las pertenencias, la reputación, los títulos, etc. los puedes perder, o pueden dejar de tener el valor que la sociedad les daba hasta ese momento. En definitiva, serán los demás, en función de sus propios criterios, quienes decidan si tienes o no valor, y tu vida estará totalmente condicionada por ello.

Por el contrario, si tu idea de valor personal está centrada en la valoración que tú haces de ti mismo tal y como eres, únicamente dependerás de ti y de tu capacidad para reconocer tu propia valía, con independencia de lo que piensen, digan o hagan los demás.

Si no quieres que tu vida interna dependa de nadie, es esencial desarrollar tu propio reconocimiento y valoración personal, construyendo tu valía desde dentro, y no desde fuera.

> Si dejas que la sociedad, la familia, los amigos,
> los títulos, las pertenencias, los resultados…
> determinen tu valía personal, nunca vas
> a encontrar la paz siendo tú mismo.

Ahora no vayas y tires tus títulos a la basura, ¡no se trata de eso! No estamos diciendo que obtener el reconocimiento exterior sea algo malo. Lo que decimos es que no es necesario depender de él para sentirnos valiosos y capaces. Si los demás nos dan su reconocimiento, podemos aceptarlo y agradecerlo sin apegarnos a él. En esta situación mantendrás el valor personal que tú mismo te das porque este no depende de la validación de los demás.

¿CÓMO ME VALORO A MÍ MISMO?

Recuerda que son nuestras creencias las que determinan el concepto de valía personal con el que nos medimos. Modificando la manera en que nos percibimos, podemos recuperar nuestro valor. Para lograrlo necesitamos interiorizar una visión de nosotros mismos, de nuestros derechos y nuestras capacidades que nos refuerce, nos impulse y nos dé tranquilidad.

Son cuatro las ideas esenciales que tomaremos como base para construir la visión interior que dirigirá tu vida a partir de ahora:

- Todos somos valiosos por ser quienes somos.
- Todos aportamos o podemos aportar valor a quienes nos rodean.
- Todos merecemos sentirnos valiosos.
- La dignidad y el valor de cada persona son derechos inalienables, a no ser que sea uno mismo quien renuncie a ellos.

Partiendo de estas ideas esenciales, si deseas realmente vivir una vida de valor, tu subconsciente debería estar programado en base a los siguientes parámetros:

1. **Tengo valor y soy capaz**. Debes aceptar y reconocer tu propio valor y tus capacidades, sean cuales sean. Si crees que necesitas mejorar o necesitas sentirte más capaz de realizar algo, permítete aprender y practicar, sin perder tu sentimiento de valía. Eres valioso por ser tú, no por tus habilidades. Tus habilidades te permiten desarrollar

tus capacidades, pero con independencia de hasta qué punto las desarrolles, siempre eres y serás valioso.

2. **Merezco mi valía y mi capacidad.** Permítete merecer lo mejor para ti mismo. Mereces ser valioso, mereces tus dones y habilidades, y mereces darte la oportunidad de ser tú mismo. Si te culpas o te castigas por algo del pasado, perdónate completamente. Mereces ser feliz, mereces volver a sonreír, mereces siempre una nueva oportunidad, con independencia de lo que haya sucedido en el pasado.

3. **Soy único e incomparable.** Afortunadamente todos somos distintos y es necesario asumir nuestra propia diferencia para poder valorarnos tal y como somos. El mundo sería tremendamente aburrido si fuéramos todos iguales. Cada persona representa un color y un matiz característico, y el conjunto de todos los colores es lo que da riqueza, belleza y valor al mundo. Deja de juzgarte y compararte con los demás. Céntrate en ti mismo, en lo que tú eres y quieres alcanzar en tu vida.

4. **No necesito la aprobación de los demás.** Tus ideas y tu forma de ser son valiosas independientemente de lo que piensen o digan los demás. Cada uno ve el mundo a través de sus propias creencias y limitaciones, y la valoración que otros hacen de ti,

es bajo el juicio de sus creencias. No debes caer en el error de poner las creencias de nadie por encima de las tuyas propias. No debes permitir que algo que no es tuyo determine si tú o tu trabajo tenéis valor o no. Apruébate a ti mismo por lo que de verdad te llene de felicidad.

5. **No necesito demostrar mi valía a los demás.** Si acostumbras a representar un papel para agradar a los demás, deja de hacerlo. Deja de esconderte detrás de una máscara para demostrar ser alguien que en realidad no eres. Deja de buscar el reconocimiento de los demás para sentirte bien. No tienes que ser perfecto para estar bien y ser feliz, más bien debes estar en paz contigo mismo y con quien eres.

6. **Soy igual de valioso que los demás.** Que seamos todos diferentes no otorga mayor valía a unos que a otros. Todos somos igual de valiosos. Cuando sientes eso en tu interior, eres libre para ser tú mismo y puedes establecer relaciones de igualdad con los demás. En el momento en que dudamos de nuestra valía comienzan a brotar sentimientos de superioridad o inferioridad, y pasamos a relacionarnos con los demás en base a esta perspectiva.

A continuación tienes las creencias que te llevarán a desarrollar tu valoración personal. Utiliza el proceso de grabación del anexo 1D para convertirte en la persona valiosa que realmente eres.

Creencias de valoración personal

- Me doy el permiso para ser quien soy y querer lo que quiero.
- Acepto lo que quiero, me siento capaz de conseguirlo y trabajo para lograrlo.
- Es correcto querer lo que quiero y trabajar para conseguirlo.
- Soy y me siento válido y totalmente capaz de lograr lo que me propongo.
- Me siento valioso por quien soy, para mí, para los demás y para la vida.
- Mi valía y mi capacidad se mantienen con independencia de los errores que cometa.
- Todas las personas tienen valor por ellas mismas.
- Todos merecemos respeto, aceptación y amor.
- Es innecesario querer demostrar mi valía a los demás.
- Tengo la firme determinación de ser yo mismo tal y como soy.
- Renuncio a buscar ni esperar la aprobación de los demás.
- Me permito aceptar y comprender mis emociones y las de los demás.

- Dejo de criticarme y compararme con los demás.
- Me centro en construir lo que quiero para mí.
- Soy humilde.
- Reconozco mis errores e identifico lo que necesito para progresar.
- Me es fácil establecer y mantener relaciones sanas, equilibradas y respetuosas conmigo y con los demás.
- Merezco ser y sentirme seguro, capaz y válido.
- Mi valía está en lo que soy, independientemente de mis resultados.
- Me permito expresarme con naturalidad, seguridad y alegría.

CONFIANZA

Esperanza firme que una persona tiene
en alguien o en que algo suceda.

En nuestro caso, abordamos la confianza como la certeza que una persona tiene respecto a sí misma, a sus decisiones y capacidades. La confianza nos da el poder de decidir y actuar con más seguridad. Cuando te aceptas y te valoras tal como eres, es más fácil desarrollar la confianza en ti mismo porque conoces tus capacidades y tus limitaciones, y no te sientes amenazado por ellas.

La forma natural de desarrollar la confianza es a través de la experiencia. A medida que pones a prueba tus habilidades, vas aprendiendo y mejorando hasta darte cuenta de que puedes confiar en tu capacidad.

Lo más seguro es que no dudes de tu capacidad para leer las letras de este libro. Sabes por práctica y experiencia que lo puedes hacer. Si te falta confianza en ti mismo o en alguna área de tu vida, estás ante la misma situación: probablemente tu experiencia no te ha llevado a aprender, practicar o conseguir lo suficiente para confiar en ese ámbito.

Por supuesto, las creencias que tengas sobre tu valor y tu capacidad están totalmente relacionadas con el desarrollo de tu confianza. Si has asumido que «no puedes», creencia muy habitual en la falta de poder personal, difícilmente llegarás a confiar, ya que tu subconsciente actuará como freno para que ni siquiera comiences a actuar, lo que te impedirá adquirir la experiencia necesaria para poder confiar.

Un ejemplo que muestra perfectamente esta situación es la sobreprotección de los hijos, que puede llevar a patrones de falta de confianza incluso cuando esos niños se convierten en adultos. Cuando a los niños no se los deja afrontar ciertas situaciones, o se les soluciona el problema para que «no sufran» o «vayan más rápido», les estamos impidiendo desarrollar la confianza en ellos mismos y en sus capacidades.

Si además, se les prohíbe de forma reiterada hacer sus juegos o desarrollar sus motivaciones, tenemos el cóctel perfecto para forjar adultos con creencias del tipo «no puedo» y «no sé cómo afrontarlo».

En parte, la falta de confianza también se debe al miedo al error. Si el concepto de error, fracaso o equivocación lo tienes asociado a rechazo, burla o castigo, tenderás a evitarlo, ya sea a través del perfeccionismo o bien ocultando o negando tus errores. En ocasiones, el miedo no es tanto por cometer el error en sí mismo, sino por las consecuencias futuras de un posible rechazo o desaprobación de los demás. Vivir con miedo a equivocarse es vivir permanentemente en un estado de inseguridad. Para tener confianza es necesario aprender a afrontar el error, sin que este merme tu sentimiento de valía personal en el momento que se produzca.

¿Cómo puedo confiar en mí mismo?

Al igual que ocurría con la aceptación y la valoración, serán tus creencias las que establezcan tu nivel de confianza. Confiar en ti mismo requiere desarrollar creencias de confianza y también de aceptación de los errores como algo natural. Apuesta por ti mismo, permítete equivocarte y aprender de ello.

> Nuestra vida se basa en el aprendizaje
> y nos vamos a equivocar muchas veces.
> No permitas que el miedo a fallar
> paralice tu avance y desarrollo.

Aprendizaje. Dominar cualquier habilidad requiere aprender, ponerla en práctica, equivocarse y buscar soluciones o nuevas estrategias para superar las dificultades y subsanar los errores.

Recuerda que si tienes emociones y pensamientos que te bloquean el aprendizaje es esencial desbloquear esas emociones y cambiar los pensamientos por otros que te aporten capacidad. Con Método INTEGRA te estamos guiando para realizar este trabajo de cambio y transformación. Pero ten presente que también es esencial que tú afrontes el aprendizaje necesario para lograr esa confianza en tus capacidades.

Aceptación del error. Aceptar el error es fundamental para mantener la confianza. Un error simplemente es un camino no útil para nuestros fines. Lo habitual es aprender y desarrollarnos en base a la experimentación, y eso comporta cometer errores. ¿Acaso conoces a alguien que lo haga todo bien a la primera? Casi seguro que no. La vida se trata de un ensayo «prueba-error», que nos permite descartar lo que no funciona y quedarnos con lo que sí tiene éxito. Desgraciadamente es habitual en las escuelas, e incluso en casa, que se estigmatice el error, lo que nos lleva a crecer con miedo a equivocarnos, como si fuera algo malo, algo no permitido, e incluso algo que puede acarrear consecuencias catastróficas.

Algunas ideas que te pueden resultar útiles para desarrollar un concepto del error alineado con la confianza, son las siguientes:

- Un error nunca disminuye tu valía, solo te muestra un camino no útil para tus propósitos.
- Reconocer y aceptar los errores permite resolverlos. Para eso necesitas ser humilde y asumir tu responsabilidad. Si los escondes no puedes ni aprender ni buscar una solución.
- Culparse por los errores frena el aprendizaje. La culpa es un tipo de castigo que te autoimpones y no te deja avanzar ni buscar soluciones. Te obliga a seguir viviendo el fallo. Perdónate y permítete ser imperfecto.
- Cuanta más experiencia (que incluye los errores) más confianza.

Una vez conocidos los conceptos, como ya sabes, el siguiente paso es interiorizar las creencias que los sostienen. Utiliza para ello el proceso de grabación del anexo 1D.

Creencias de confianza

- Mantengo mi estabilidad emocional con independencia de lo que digan o hagan los demás.
- Me permito escuchar mi intuición y mis propias ideas y confiar en ellas.
- Me es fácil, cómodo y natural mostrarme a los demás tal y como soy.
- Me muestro tal y como soy en todo momento.
- Me libero fácilmente de los pensamientos negativos.
- Me centro en los pensamientos que me aportan paz interior, alegría y capacidad.
- Actúo de forma segura, apropiada y eficaz para lograr mis objetivos.
- Me permito equivocarme, aprender y practicar mis habilidades con calma y paciencia.
- Mantengo la confianza en mí mismo en todo momento.
- Atraigo y adquiero fácilmente las herramientas y los recursos que necesito para vivir con paz interior, seguridad y felicidad.
- Confío plenamente en mi capacidad para desarrollar y lograr con éxito todo lo que me proponga.

- Merezco confiar plenamente en mí mismo y en la vida.
- Me preparo con antelación y de forma apropiada para desarrollar y lograr lo que quiero.
- Confío plenamente en las decisiones que tomo.
- Identifico con facilidad cómo resolver mis necesidades y afrontar mis dificultades.
- Afronto las dificultades con seguridad y confianza.
- Soy fuerte y capaz para asumir y gestionar de forma apropiada las consecuencias de mis decisiones y acciones.
- Asumo las consecuencias de mis decisiones y acciones con entereza y confianza.
- Me libero completamente de todas las deudas emocionales que haya contraído con los demás.
- Me es fácil y cómodo tomar decisiones y actuar.
- Me siento seguro y confiado con mi singularidad personal.

SEGURIDAD

*Tranquilidad y sensación de confianza
en nosotros mismos.*

La seguridad nos da el poder de percibir que tenemos el control de nuestra vida. Cuando nos aceptamos, nos valoramos y confiamos en nosotros mismos, somos capaces de desarrollar la seguridad.

Alcanzar y mantener un estado interior de seguridad requiere tener equilibrados tres elementos: la responsabilidad personal, el control de la situación y el sentirse fuera de peligro en todo momento.

Responsabilidad

Para sentirnos seguros es imprescindible asumir el compromiso de dirigir nuestra propia vida, y únicamente si agarramos con confianza el timón de nuestra existencia podremos dirigirla.

La responsabilidad comporta comprender que lo que vivimos, de un modo u otro lo hemos creado o atraído nosotros mismos, y que somos los únicos con la capacidad de gestionar la forma en que lo experimentamos. Cambiar una situación o vivirla de una manera distinta está solo a tu alcance y es tú responsabilidad. Tus padres, hijos, amigos, o las personas que te quieren ayudar a solucionar tus problemas serán incapaces de hacerlo a menos que tú dirijas el cambio. Ellos, como mucho, podrán cambiar alguna circunstancia externa, pero eres tú el único responsable del cambio interno que necesitas para asumir el control de tu vida.

Desde otra perspectiva, más allá de la más tierna infancia en la que los niños dependen totalmente de sus progenitores, ninguno de nosotros somos responsables de la vida ni de los problemas de los demás. Por supuesto que podemos ayudar a otras personas si lo deseamos y nos lo piden, pero sin hacernos responsables de su situación.

> Cada persona es la única responsable de su vida, de sus pensamientos, de sus emociones y de sus acciones.

Son muchos los padres que rebaten esta afirmación porque es cierto que cuando tienes hijos te haces responsable de ellos. Pero esta responsabilidad tiene sus límites. La vida de nuestros hijos no nos pertenece, ni tampoco puede ser una proyección mejorada de la nuestra. Ellos han venido a vivir su propia vida, con sus habilidades y su misión personal. Todo lo que hagamos como padres debe ir orientado a facilitar el desarrollo de nuestros hijos para convertirse en adultos con pleno poder personal.

Allanar el camino por el que transcurre la vida de nuestros hijos, quizás nos haga sentir bien a corto plazo, pero es una malísima inversión de futuro. Por el contrario, prepararlos para superar el dolor y las adversidades, y para desarrollar su confianza y su seguridad personal, puede suponer un esfuerzo a corto plazo, pero es una fantástica inversión de futuro.

La inseguridad aparece cuando asumes responsabilidades que no son tuyas o cuando te obligas a controlar y resolver situaciones que están fuera de tu alcance. Las emociones negativas que nos provocan ciertas situaciones son lo que a menudo nos obliga a responsabilizarnos en momentos que no nos corresponde. Cuando algo no es como queremos que sea y nos genera malestar, queremos cambiarlo para dejar de sentirnos mal, aunque sea algo que se escapa de nuestro control. Por ejemplo, la actitud negativa de un compañero de trabajo. Es nuestra responsabilidad gestionar la mala relación que tenemos con un compañero de trabajo para dejar de sufrir las dañinas consecuencias, pero no es nuestra responsabilidad ni nuestro deber cambiar a esa persona. Cada individuo es responsable de cambiarse a sí mismo o de aprender a gestionar mejor su mundo interno, no el de los demás.

Recuerda que si está fuera de tu alcance, si no puedes hacer nada para cambiar lo que sucede, lo único que realmente puedes hacer es responsabilizarte de tu actitud. Ten presente que en ocasiones lo único que estará en tus manos será el aceptar la situación y gestionar las emociones que sientes.

El control

Muchas personas para sentirse seguras necesitan tener la sensación de control, o lo que es lo mismo, de saber que tienen la capacidad de gestionar y resolver lo que sea que vaya a suceder. Pero cuando lo que queremos controlar está más allá de nuestra capacidad real de control, surge la inseguridad. Ocurre lo mismo que con la responsabilidad, si quiero controlar lo que está fuera de mi alcance no voy a lograrlo porque en realidad nunca ha existido esa posibilidad.

No puedo controlar la salud de mi familia ni sus problemas. Tampoco puedo controlar lo que piensan, dicen y hacen mi pareja, mis hijos o mis amigos. Si quiero asumir más control del que realmente me pertenece, voy a vivir permanentemente con inseguridad, ya que no podré hacer nada real para que los demás hagan lo que yo creo (bajo el prisma de mis creencias) que deben hacer.

Únicamente puedo asumir el control de mis pensamientos, mis decisiones y acciones. Aceptar eso es esencial para dejar de luchar y sufrir por situaciones que están más allá de nuestras posibilidades. La situación cambiará únicamente cuando tú te relaciones de forma diferente con lo que sucede, porque tu vivencia interna te permitirá afrontarlo de un modo distinto.

> Si quieres que algo que está fuera de tu alcance cambie, empieza primero a cambiar tú.

Fuera de peligro

Para tener seguridad es necesario sentirnos permanentemente fuera de peligro. Aun confiando en nosotros mismos, si nos sentimos amenazados por alguna razón, sentiremos inseguridad.

Son dos los caminos que nos llevan a sentirnos en peligro:

Estar viviendo un peligro real en el aquí y ahora. Pongamos un ejemplo, cruzas la calle y un coche viene hacia a ti demasiado deprisa. Detectas la amenaza y echas a correr para que no te alcance. Es un peligro puntual, y una vez superado, vuelves a un estado de equilibrio.

En este caso no estamos pensando continuamente en la posibilidad de que un coche nos pueda atropellar. Se trata de un peligro que gestionamos en el instante en que se da. Es una amenaza externa que detectamos y resolvemos en el acto. Después de resolverla volvemos a sentirnos seguros.

Una idea que nos da miedo o sensación de inseguridad. Una idea que nos produce miedo nos hace vivir un peligro potencial en el aquí y ahora. En este caso el peligro no es algo real porque no está sucediendo nada. Mentalmente proyectamos un escenario futuro que podría llegar a suponernos un peligro. La amenaza real, lo que nos causa la sensación de peligro, son nuestros propios pensamientos, no el hecho en sí mismo. Si somos incapaces de disolver en el presente este pensamiento de peligro potencial, la inseguridad va a permanecer y se va a convertir en una amenaza permanente.

El problema en este caso es que queremos resolver la inseguridad intentando anticiparnos al futuro. Damos vueltas a los mismos pensamientos, esperando encontrar uno que nos atenúe la inseguridad. Pero el futuro, en menor o mayor medida, siempre es incierto. Desconocemos lo que va pasar. Por más que planifique, anticipe soluciones o me preocupe, hasta que no llegue ese momento no podré resolver los problemas que se den. Recuerda que solo en el aquí y ahora podemos neutralizar las amenazas.

Si queremos dejar de sentirnos amenazados por esos pensamientos de un peligro potencial, es necesario resolver la amenaza aquí y ahora. Y como hemos dicho antes, realmente lo que te crea inseguridad no es la situación en sí –porque no está pasando, es solo un posible escenario futuro–, sino que se trata de un pensamiento que te hace sentir en peligro. Hasta que no elimines ese pensamiento, vas a seguir viviendo en la inseguridad. Solo tienes control de lo que sucede en el presente, y tus pensamientos suceden en el aquí y ahora, por lo tanto, solo desde tu actitud interna podrás abordar esta potencial amenaza.

Cambiar las creencias y los pensamientos negativos es básico para dejar de sentirse amenazado por un hipotético futuro. Si incorporas la creencias de que eres capaz de resolver la situación en el aquí y ahora, podrás dejar de preocuparte por un posible futuro amenazador.

Solo así, sabiendo que ahora no estás en peligro y que si más adelante surge una amenaza vas a ser capaz de gestionarla, vas a sentirte fuera de peligro en el presente.

¿Cómo puedo desarrollar la seguridad?

La transformación a nivel subconsciente que vas a realizar te permitirá librarte de las emociones que te generan inseguridad, pero lo más importante es desarrollar hábitos alineados con una total seguridad en ti mismo. Hábitos basados en las siguientes formas de actuar:

1. **Asumo mi responsabilidad.**
   - Me comprometo conmigo mismo para dirigir mi vida.
   - Dejo de culpar a los demás o a las situaciones de las cosas que no me gustan en mi vida.
   - Renuncio a querer cambiar a los demás.
   - Dejo de esperar o exigir que los demás me salven.
   - Pido ayuda si la necesito, con el compromiso de dirigir yo el cambio.

2. **Aprendo a distinguir hasta dónde llega mi capacidad de control.**
   - Comprendo hasta dónde tengo el control. Básicamente mis pensamientos, mis emociones, mis actitudes, mis decisiones y mis acciones.
   - Reconozco mis límites.
   - Acepto que hay cosas que están fuera de mi control.
   - Dejo de responsabilizarme de lo que está fuera de mi alcance y control.
   - Me responsabilizo de aquello sobre lo que sí tengo control.

3. **Tomo decisiones y actúo únicamente hasta donde tengo el control.**

4. **Me centro en resolver las amenazas del presente, ya sean situaciones reales o pensamientos y proyecciones de futuro.**

- Si crees que te faltan herramientas o capacidades para gestionar temas futuros, aprende y practica para adquirir esas capacidades. Lo esencial es sentirte seguro aquí y ahora para resolver en el presente todo lo que venga. Desarrolla la confianza en ti mismo, en tus capacidades y tu potencial.
- Abandona los pensamientos negativos sobre el futuro. Piensa siempre en positivo.
- Abandona el hábito de preocuparte por lo desconocido. Hasta que esa hipotética situación no se convierta en real, va seguir siendo algo incierto, y no vas a tener el control hasta que llegue el momento de vivirlo. Si es que llega.
- Resuelve aquí y ahora los pensamientos que amenazan tu seguridad. Elimínalos, cámbialos, o cambia la interpretación que haces de la situación.
- Date cuenta de las ideas y pensamientos que te provocan miedo y cámbialas por pensamientos que te refuercen.

Este ha sido el último de los pilares. Tu poder personal está ya muy cerca. Utiliza el proceso de grabación del anexo 1D para programar tu subconsciente también con las creencias de seguridad.

Creencias de seguridad

1. Estoy a gusto conmigo y con mi vida.
2. Vivo de forma plena y satisfactoria.
3. Vivo mi vida con paz interior, alegría y claridad mental.
4. Agradezco cada día mi vida y todo lo que hay en ella.
5. Soy capaz de asumir mi propia responsabilidad y lo hago.
6. Soy libre para vivir mi vida y lo hago.
7. Reconozco e identifico fácilmente la dirección más apropiada para ser feliz.
8. Vivo y disfruto plenamente cada momento de mi vida.
9. Cada persona es libre y responsable de sus decisiones y acciones, y lo respeto.
10. Identifico fácilmente lo que está fuera de mi alcance y control, y acepto esta situación.
11. Renuncio a controlar lo que está fuera de mi alcance.
12. Me desprendo fácilmente de la pereza, las inseguridades y el miedo que me impiden avanzar hacia lo que yo quiero.

13. Merezco vivir una vida llena de amor, seguridad, alegría, paz interior y felicidad.
14. Tengo la absoluta certeza de que mi vida y yo somos apropiados y correctos.
15. Me doy permiso para afrontar con calma, confianza y seguridad los cambios.
16. Soy y me siento libre, independiente y seguro para escoger lo que quiero en mi vida y trabajar para conseguirlo.
17. Me desprendo completamente de la necesidad de querer salvar a los demás.
18. Mis objetivos y propósitos marcan la dirección que sigo.
19. Disfruto plenamente siguiendo mis objetivos en la vida.
20. La vida es maravillosa y la vivo con amor, fortaleza y confianza.

Si has seguido todos los pasos, ¡Enhorabuena! A buen seguro que estarás sintiéndote de un modo muy distinto al que lo hacías al comenzar a leer este libro. Has puesto a rodar la maquinaria de tu poder personal. A partir de ahora te toca disfrutar de la agradable sensación que produce el tener tu subconsciente programado para ser esa persona que deseas.

Si deseas profundizar en el desarrollo de tu poder personal, en el anexo B de este libro encontrarás ejercicios que te guiarán.

En el siguiente capítulo te ayudaremos a dar un paso hacia delante. Te ayudaremos a conocerte un poco más para que puedas vislumbrar el motivo que te ha traído a vivir esta vida.

3

TU MISIÓN DE VIDA

*Si todos soñamos lo mismo, podemos
hacer realidad misiones imposibles.*

Cora Weiss

La misión personal es uno de los muchos caminos que podemos elegir para vivir nuestra vida. En absoluto estamos obligados a seguirla, ni siquiera a identificarla. Tenemos libre albedrío para elegir el modo en que queremos vivir, pero somos muchos los que nos vemos impulsados hacia ella, al ser el camino por el que nuestra vida fluye con mayor facilidad y menores fricciones.

La misión personal es lo que cada persona viene a desarrollar en esta vida, y está íntimamente relacionada con el desarrollo de todo nuestro potencial en los ámbitos en que destacamos. Conocer nuestra misión personal aporta verdadero sentido a nuestra vida, y nos permite vivir con coherencia.

Cuando disfrutamos de nuestro poder personal, nos resulta mucho más fácil salir en su búsqueda y encontrarla:

- Cuando me siento seguro de mí mismo me permito encontrar mi dirección.
- Cuando sé hacia dónde quiero ir, puedo distinguir mejor lo que es bueno y correcto para mí (todo lo que me hace avanzar hacia mi propósito, es bueno para mí).
- Cuando sé quién soy y dónde quiero ir, tengo mayor capacidad de tomar decisiones correctas.
- Cuando me siento seguro, soy capaz de actuar y trabajar libremente para conseguir mis objetivos.

Identificar nuestra misión personal no acostumbra a resultar sencillo. Algunos lo tienen claro desde pequeños, mientras que otros deben recorrer senderos inciertos, o incluso perderse en ellos, antes de encontrarla. De hecho, la mayor parte de la población consume su vida sin llegar a percibir siquiera cuál es su misión.

Uno de los efectos que produce estar al alineado con tu misión de vida, es la sensación de realización y satisfacción personal llegado el momento de la muerte. Todos, sin excepción, abandonaremos en algún momento nuestro cuerpo físico. Es muy diferente hacerlo cuando has vivido una vida con sentido que cuando no lo has hecho.

Las personas mayores, cuando se acerca el momento de su muerte y miran atrás, acostumbran a ser bastante críticas al valorar su vida. Es en ese momento, con la perspectiva de los años, la sabiduría de la edad, y la mayor proximidad a un final innegociable, cuando más conscientes nos hacemos de nuestra propia vida, y más nos damos cuenta del tiempo desperdiciado. Deberíamos vivir pensando que llegado ese momento, nuestra autovaloración sea de diez sobre diez. Únicamente lo lograremos si realmente vivimos alineados con nuestra misión personal.

Aproximadamente en la mitad de nuestra vida llega la famosa «crisis de los cuarenta». En realidad se trata de una respuesta para la que estamos programados biológica y espiritualmente, con el fin de reflexionar y reorientar nuestra vida para darle realmente sentido. Hasta ese momento, la mayoría nos dedicamos a «aprender a vivir». Es a partir de entonces cuando, con mayor o menor éxito, muchos decidimos utilizar el aprendizaje obtenido para buscar activamente nuestra misión y orientar el resto de nuestra vida en esa dirección.

La misión de cada uno es diferente, pero hay elementos que coinciden en todos los casos. Para descubrir tu misión te resultará útil tener presentes los siguientes elementos característicos:

1. La misión está siempre relacionada con el SER, con uno mismo. Incluso cuando implica la participación de otras personas, no supone una obligación para ellas. Es algo que tiene que ver con nosotros mismos.

2. No tiene por qué ser algo grande, llamativo o extraordinario. No se trata de buscar ser el mejor en algo, sino de hacer ese camino **que tiene sentido para ti,** que te satisface y te llena. Por eso la misión también puede estar relacionada con algo sencillo y cotidiano.

3. Acostumbra a estar relacionada con **algo que te gusta o se te da bien**. Algo que para ti se da de forma natural, que te apasiona o anhelas y, aunque conlleve riesgos o retos, disfrutas haciéndolo. Está relacionada con esas cosas a las que les dedicas horas sin siquiera mirar el reloj.

4. Avanzar siguiendo nuestra misión suele implicar un **desarrollo** de nuestro potencial y un crecimiento personal continuo.

5. Lo importante de la misión no es la forma, lo que hago, sino el fondo, **la esencia de lo que hago.** Por ejemplo, una persona cuya misión es la enseñanza, no importa si enseña a niños, adultos o adolescentes, si lo hace a distancia o de forma presencial, a pequeños grupos o a gran escala. La forma exterior de lo que hago puede cambiar; la esencia se mantiene.

Una de las mejores maneras de encontrar y comprender nuestra misión personal es la de conectarnos con nosotros mismos, con nuestra sabiduría interior. Nosotros somos los únicos que sabemos cuál es nuestra misión y también somos los únicos que podemos encontrarla.

Con el ejercicio que te proponemos a continuación vas a mirar hacia dentro para hallar respuestas en tu interior. Se trata de un ejercicio guiado que te llevará a vivir determinadas experiencias a través de la visualización.

La forma en que cada persona visualiza es diferente. Hay quien percibe con claridad las imágenes, hay quien escucha con nitidez los diálogos, y hay quien siente intensamente las experiencias por las que discurre la visualización. También hay personas que no sienten, escuchan ni ven absolutamente nada, pero que si se dan la oportunidad de mantener la mente abierta perciben la información en forma de ideas. Simplemente debes estar relajado y abierto a cualquier tipo de experiencia que puedas tener durante el proceso.

Para realizar este ejercicio debes prepararte antes.

- En primer lugar accede a la página web www.metodointegra.com y localiza el audio de este ejercicio en el apartado correspondiente al libro *Recupera tu poder personal*.
- Ubícate en un lugar tranquilo, en el que no seas molestado durante unos treinta minutos.
- Deja a tu lado papel y lápiz para poder anotar todas las ideas que te vengan al finalizar el proceso.

Ahora, ponte cómodo, deja el libro a un lado, pon en marcha la grabación y déjate guiar.

Una vez realizado el proceso ha llegado el momento de reflexionar sobre la experiencia. Si no lo has hecho ya, escribe todas las ideas que has encontrado respecto al modo en que debes vivir tu vida.

Te proponemos también que vayas un paso más allá y anotes las respuestas a las siguientes preguntas.

Te ayudarán a establecer tu camino alineado con tu misión de vida.

1. ¿Estás satisfecho con la vida que has vivido hasta ahora? ¿Por qué?
2. Según lo que has vivido en este ejercicio, ¿qué es lo que le da sentido a tu vida?
3. ¿Qué es lo que más te ha sorprendido de todo lo que has visto, oído o sentido?
4. Actualmente, ¿vives en coherencia con los mensajes que has recibido?
5. ¿Hay alguna decisión realmente trascendente que deberías tomar en base a los mensajes recibidos?
6. ¿Qué otras cosas deberías cambiar en tu vida para vivir en coherencia con lo que te da sentido?
7. ¿Qué proyectos deberías emprender?

En base a tus reflexiones, te animamos a que establezcas un plan de acción. Define metas y objetivos, establece los pasos a dar a partir de ahora para alcanzarlos y márcate plazos en el calendario. Todo lo que aquí definas son actividades estratégicas para tu vida. Es lo que te llevará a vivir una existencia con sentido. Dale la importancia que realmente tiene y planifica tu agenda a partir de ahora en base a ello.

Si deseas profundizar en tu misión, en el anexo C de este libro encontrarás algunos ejercicios que te ayudarán.

Enhorabuena. Con tu poder personal recuperado y la información que has obtenido en este ejercicio, se te abren las puertas de par en par para seguir ese camino que tiene sentido para ti y construir ese presente y futuro que quieres vivir. Recuerda que eres tú quien dirige a partir de ahora tu vida; tus decisiones y acciones son las que te harán avanzar hacia tu destino.

¡Disfrútalo!

4

DISFRUTA TU PODER PERSONAL

··

No hay nada que siendo capaces de imaginar,
no seamos capaces de realizar. Como mucho,
puede faltarnos algo de información para llevarlo
a cabo, pero seguro que se puede lograr.

S i has llegado hasta aquí realizando todos los ejercicios del libro, enhorabuena. Estamos totalmente seguros de que ya habrás comenzado a sentir cambios en tu vida. Quizás hayas percibido cambios a nivel emocional. Quizás tu capacidad de pensar y razonar se haya destapado. Quizás por fin tengas claro lo que quieres en la vida. Quizás hayas recuperado la fuerza y la determinación para tomar decisiones. En cualquier caso, solo por el hecho de haber llegado hasta aquí, te has demostrado a ti mismo que tienes fuerza de voluntad, constancia, dedicación, motivación, y un largo etcétera de cualidades. Por todo ello te damos nuestra sincera enhorabuena.

Has puesto a rodar la maquinaria que te permitirá en muy poco tiempo vivir sacando el máximo provecho a tu potencial. Recuerda que tu misión está directamente relacionada con tus habilidades y capacidades, y en la medida que te mantengas alineado con ella, podrás dar lo mejor de ti mismo.

Por supuesto, asumir tu poder personal a partir de ahora, supone una gran responsabilidad. Dedicación, constancia, motivación, interés, visión, etc., son algunas de las cualidades que deberás mantener activas en todo momento. Lo bueno es que tu subconsciente te apoya y te permitirá fluir en la dirección que elijas, sin tener que luchar contra la corriente.

Como habrás observado, el poder personal nada tiene que ver con sentirte superior a los demás o con ser egoísta. Al contrario, el poder personal te permite estar bien contigo mismo, viviendo libre de ataduras, sin compararte con los demás y sin necesitar su aprobación.

Sacando lo mejor de ti mismo alcanzarás metas más elevadas, pero también estarás en disposición de ayudar en mayor medida a los demás.

El equilibrio interior en que posiblemente te encuentres, te permitirá disfrutar de una mejor relación contigo mismo y con el resto del mundo.

El respeto y la confianza en ti mismo son el embrión del que nacen el respeto y la confianza en los demás. En la medida en que los desarrolles, te otorgarán un poder enorme para liderar equipos y crecer sin limitaciones.

Disfrutar de tu poder personal no le resta poder a nadie, y tu poder tampoco se limita cuando los demás recuperan el suyo. Lo que ocurre es realmente lo contrario. Cuanto más desarrollas tu poder personal, más consciente eres de la importancia de que todos los que te rodean desarrollen al máximo su propio poder.

Cuando aprendiste a utilizar el test muscular en el capítulo segundo, te invitamos a realizar un ejercicio para identificar si tenías o no interiorizadas diversas creencias. Ahora tienes la oportunidad de observar cómo las creencias que inicialmente no tenías, ya forman parte de tu programación. Simplemente regresa al apartado «Comunicándote con tu subconsciente. El test muscular» del capítulo 2, y realiza de nuevo el test con las creencias allí indicadas.

Haberte hecho consciente de las cosas realmente importantes de tu vida, y haber vislumbrado hacia dónde va dirigida tu misión es, sin duda, lo más relevante y trascendente de todo lo que has hecho durante los días que le has dedicado a este libro. No pierdas nunca de vista las conclusiones a las que has llegado, ya que te servirán de guía en todo lo que hagas, y no dudes en ir reajustando tu misión a lo largo del tiempo.

No te olvides del test muscular. En este libro tan solo te hemos mostrado el *test del balanceo*, pero en cualquiera de sus modalidades, el test muscular te permitirá comunicarte con tu subconsciente siempre que lo desees. Si lo conviertes en algo habitual en tu vida y te acostumbras a dejarte guiar por él, te aseguramos que nada ni nadie te podrán detener para alcanzar tus metas.

Lo que has descubierto en este libro sobre tu subconsciente es tan solo una pequeña parte de lo que puedes llegar a conseguir. Has tenido una muy breve introducción al respecto de su rol como piloto automático que dirige nuestras vidas, pero el subconsciente va mucho más allá. Tenemos el privilegio de poder utilizarlo como un sexto sentido que nos capacita para acceder, conectar e interactuar con todo tipo de energías, permitiéndonos «abrir los ojos» a una realidad infinitamente mayor de la que la mayoría conoce.

Los *traumas emocionales* son altamente incapacitantes y representan uno de los mayores frenos vitales.
Ahora ya sabes cómo identificarlos y deshacerte de
ellos. No permitas que un trauma cualquiera, visible
o invisible, te impida alcanzar tus sueños. Ante cualquier situación en tu vida que no avance como a ti te
gustaría, identifica si existe algún trauma y deshazte
de ellos con seguridad y valentía.

A nivel celular tenemos otras memorias, los *bloqueos emocionales*, que nos incapacitan de un modo diferente, pero también trascendente. El *RESET emocional* te será muy útil si decides no abandonarlo en tu
caja de herramientas aprendidas y no usadas. Piensa
que la mayor parte de las emociones que sentimos en
nuestra vida diaria provienen de bloqueos emocionales, y el *RESET emocional* que has aprendido te permite
deshacerte de ellos con facilidad y rapidez. No dejes
de usarlo habitualmente.

Grabar *creencias* debería ser siempre lo último que
realizamos cuando abordamos una transformación a
nivel subconsciente. Eso no significa que sea menos
importante que liberarte de los bloqueos y los traumas. En absoluto. Las tres piezas forman parte del
mismo puzle. Las tres son clave para alcanzar la transformación deseada.

Has aprendido a *grabar creencias* de un modo sencillo y rápido utilizando el imán. Por supuesto, puedes

grabar muchas otras creencias que consideres pueden aportarte un crecimiento personal siempre que lo desees. En este sentido te recomendamos que aprendas a definir correctamente las creencias en base a tus propios objetivos. Las listas de creencias que puedes encontrar en multitud de libros, o por Internet, no acostumbran a estar diseñadas para alcanzar objetivos específicos. Por supuesto, te pueden ayudar, pero muy probablemente no te conduzcan al resultado que esperas lograr.

De la mano de este libro, has dado un paso de gigante en tu *proceso de desarrollo personal*. No te pares aquí y continúa. Permite que tu subconsciente te guíe con su programación actual, pero continúa realizando transformaciones adicionales, que te lleven a ser como tú realmente desees ser, en el menor tiempo posible. Ahí radica buena parte de tu poder personal, en tener el control de tu vida y de tu evolución como persona. Y por supuesto, no permitas que las creencias de cualquier otro, te impidan ser la persona que realmente deseas ser.

Como ya sabes, tu subconsciente dirige tu vida. No permitas que lo haga como un caballo desbocado. Acércate a él como lo has hecho con este libro, aprende a escucharlo y a susurrarle. Como has tenido la oportunidad de experimentar, domar a tu subconsciente es más fácil de lo que creías.

Utiliza libros como este, realiza cursos de transformación personal, y por supuesto aprende a domar a tu subconsciente para cualquier objetivo o meta que te plantees. Todos los caminos son buenos si te llevan a convertirte en la persona que deseas ser, y a ser feliz.

Si te ha gustado este libro y deseas llevar a cabo otros procesos de transformación complementarios al que has vivido a través de estas páginas, no dudes en acercarte a los libros de Ricardo Eiriz, publicados por Editorial Sirio, *Un curso de felicidad*, *Apunta alto* y *El alma de la salud*. En todos ellos serás guiado en una transformación de dimensiones similares a las experimentadas en este.

Si deseas aprender más sobre el funcionamiento del subconsciente y cómo abordar su transformación, no deberías dejar de leer *Método INTEGRA*, también de Ricardo Eiriz.

También podemos guiarte en los cursos y talleres que impartimos en Método INTEGRA. Son ya cientos los instructores acreditados que imparten cursos accesibles en múltiples países como España, Alemania, Estados Unidos, México, Colombia, Argentina, Perú, Chile, Costa Rica... Accediendo a www.metodointegra.com encontrarás información sobre nuestros cursos.

Recuperar el poder personal de forma individual como has estado haciendo con este libro es importante y trascendente. Pero lo es mucho más cuando esto se realiza de forma grupal. Ya sea en el ámbito de la familia, de la empresa o de los amigos, el desarrollo del poder personal de cada uno de los miembros genera un efecto multiplicador sobre todos los demás.

Cierra los ojos y piensa en cómo sería tu vida si tus hijos vivieran felices, motivados, conociendo sus fortalezas, con alta autoestima, etc. Cómo sería tu vida si tus compañeros de trabajo fueran personas felices, motivadas, que reconocen sus fortalezas, con alta autoestima, con reconocimiento y valoración hacia sus compañeros, y estuvieran alineados con la misión y valores de la empresa. Cómo sería tu vida si tu pareja se sintiera bien con él/ella misma, se sintiera realizada y feliz.

Muy probablemente te hayas dado cuenta del enorme potencial que presenta este tipo de formación en cualquier ámbito, especialmente en el ámbito educativo y en el desarrollo de profesionales. Pese a ello, la familia es quizás el ámbito más importante en el que debemos poner en práctica todo nuestro poder personal. De ello depende el correcto desarrollo de nuestros hijos como personas felices, seguras de sí mismas, que desarrollen sus capacidades y habilidades.

Nosotros somos los responsables del desarrollo de nuestros hijos. Hacerlo bien, depende en gran medida de tener claro el objetivo y mantenerlo en mente, incluso en los momentos de mayor tensión. Debería ser nuestra prioridad el facilitar su crecimiento y desarrollo, con total libertad para explotar el enorme potencial que encierran.

La mayor parte de lo que aprenden los niños es a través del ejemplo que obtienen en sus experiencias diarias. No es lo que decimos que deberíamos o deberían ellos hacer, sino lo que nosotros realmente hacemos, y la valoración que les transmitimos respecto a lo que ellos hacen. Nuestras actitudes, al igual que sucedió con las actitudes de nuestros padres, abuelos, profesores, etc., es lo que nuestros hijos toman como modelo para establecer sus propias creencias y generar sus bloqueos emocionales.

Te animamos a que te conviertas en un modelo para todos aquellos que te rodean, y les sirvas de guía para desarrollar su propio poder personal. Además de sentirte bien haciéndolo, te reportará incontables beneficios. Si deseas hacerlo de la mano de Método INTEGRA, estaremos encantados de ayudarte.

ANEXO 1

HERRAMIENTAS DE TRANSFORMACIÓN

··

*Nada es imposible si dispones de las
herramientas adecuadas.*

Cambiar sería imposible si no dispusiéramos de las herramientas para lograrlo. Podemos pasarnos la vida queriendo cambiar nuestras experiencias, nuestra forma de pensar, nuestras emociones, etc., mas si no sabemos cómo llevar a cabo esos cambios a nivel interno, a nivel subconsciente, no lo lograremos.

Las herramientas que incluimos en este anexo te permitirán acceder directamente a tu subconsciente para cambiar las piezas para las que cada herramienta está diseñada.

Cuando te sientas a la mesa para comer, acostumbras a tener delante una cuchara, un tenedor y un cuchillo. Como es lógico, no utilizas el cuchillo ni el tenedor para tomar la sopa, sino que usas la cuchara. Cada herramienta tiene una función específica, y ha sido diseñada para ser eficiente realizando esa función que tiene encomendada. Lo mismo ocurre con las herramientas de transformación a nivel subconsciente que incluimos a continuación.

ANEXO 1A:
TEST MUSCULAR DEL BALANCEO

A continuación aprenderás el test muscular que consideramos más sencillo, el que permite identificar con mayor facilidad el *sí* y el *no* desde un primer momento y sin experiencia.

Entre todos los test musculares, el test del balanceo presenta ventajas importantes. Es un método de autotest, lo que permite realizarlo sin la ayuda de nadie. Pueden obtenerse respuestas desde un primer momento, sin experiencia previa. Y las respuestas suelen ser evidentes para quien lo hace y también para aquellos que observen.

Cuando lo practiques, hazlo de forma relajada y concentrándote en lo que estás haciendo, abierto a cualquier respuesta que te dé.

Para llevar a cabo este test muscular, sitúate de pie, en posición vertical, asegurándote de estar cómodo. El lugar en el que estés debe ser tranquilo y libre de distracciones.

A continuación, permanece parado, con tus pies separados, en paralelo uno con el otro, a la misma distancia aproximada que los hombros, y las manos han de colgar a los costados, sin tensión. Realiza varias respiraciones profundas dejando ir todas tus preocupaciones, relajando tu cuerpo y centrando tu conciencia en las plantas de los pies. Cierra los ojos si tienes gente a tu alrededor, si te sientes más cómodo o si te ayuda a concentrarte.

En pocos segundos notarás que es casi imposible permanecer completamente quieto. Tu cuerpo cambiará su posición continuamente de manera suave en diferentes direcciones, mientras tus músculos trabajan para mantener su posición vertical. Notarás que esos movimientos son suaves y no están bajo tu control consciente.

Cuando hagas una afirmación positiva, verdadera o congruente, o cuando pienses en algo agradable, tu cuerpo se balanceará en alguna dirección, adelante, atrás, hacia un costado o simplemente se quedará quieto. Normalmente la respuesta es bastante rápida, pocos segundos son suficientes.

Por el contrario, si haces una afirmación negativa, falsa o incongruente, o cuando pienses en algo desagradable, tu cuerpo se balanceará en la dirección opuesta, o bien realizará un movimiento diferente.

La mayoría de personas refieren la respuesta afirmativa con un balanceo hacia delante, y la negativa con un balanceo hacia atrás, pero puede producirse cualquier tipo de movimiento. Incluso la respuesta a uno de los estímulos (positivo o negativo) podría ser no moverse.

Al principio es normal tener ciertas dudas respecto a si somos nosotros mismos quienes estamos generando las respuestas en base a nuestras expectativas. A medida que lo vas utilizando, y especialmente cuando aparecen respuestas que te sorprenden, esas dudas desaparecen.

La velocidad y la intensidad a la hora de producirse el movimiento del cuerpo son distintas en cada persona, e incluso pueden ser diferentes en función del estímulo recibido. Por lo tanto, debemos estar abiertos a cualquier posible respuesta, con tranquilidad y confianza.

Es importante también que mantengas la boca húmeda en todo momento. Una ligera deshidratación en la boca puede interferir con el impulso electromagnético generado por tu subconsciente, impidiendo la reacción muscular.

En caso de dificultad para observar el movimiento, prueba a juntar los pies, saliéndote de tu posición de equilibrio natural. Eso favorecerá el que tu cuerpo se pueda mover con mayor facilidad.

Algunas personas, con una elevada sensibilidad al magnetismo de la Tierra, necesitan estar orientadas hacia el norte al realizar este test. Puedes probar a situarte de este modo en caso de dificultad para obtener respuestas.

Si has practicado deportes o actividades de equilibrio (judo, baile, danza, esquí, navegación, etc.) es posible que hayas adquirido respuestas automáticas de compensación en las piernas, que te impidan desplazar el cuerpo libremente. En estos casos, simplemente pon la intención en mantener las piernas rectas y permitir que tu cuerpo se desplace de acuerdo a la reacción que se produzca en tus tobillos, como si del tronco de un árbol se tratara.

El test muscular, al igual que ocurre con el polígrafo, requiere siempre de la realización de unas preguntas de control para conocer cuál es el movimiento correspondiente a las respuestas *sí* y cuál es el que se obtiene con las respuestas *no*. A esto se le llama calibrar.

Las que tienes a continuación son algunas pruebas que te permitirán llevar a cabo la calibración de manera sencilla:

- Di, me llamo XXX, utilizando primero tu nombre real y después otro falso.
- Piensa en alguien que ames, y luego en alguien que odies, temas o por quien sientas resentimiento.
- Pídele a tu subconsciente que te dé una respuesta *SÍ*, y luego haz lo mismo con el *NO*.
- Di, hoy es (día de la semana correcto), y luego hazlo con otro día incorrecto.

Puedes probar con cualquier otra afirmación o estímulo físico o emocional que se te ocurra. A medida que vayas obteniendo respuestas comenzarás a identificar el verdadero potencial de esta herramienta.

ANEXO 1B:
PROCESO DE LIBERACIÓN DE TRAUMAS

El proceso de liberación de traumas que vamos a utilizar es una técnica exclusiva de método INTEGRA, que nace como respuesta a la necesidad de liberar traumas de un modo fácil y rápido.

Se trata de una técnica fácil de aplicar, que no requiere acompañamiento, y que no te conducirá a recordar ningún evento doloroso del pasado, lo que en ocasiones lleva a abrir la puerta a otro tipo de conflictos emocionales y relacionales.

Para aplicarla tan solo necesitarás disponer de un lugar reservado y tranquilo, sin focos de luz intensos delante de ti o en tus costados que puedan generar confusión, y tener a mano un imán de nevera.

Antes de aplicarla por primera vez, es recomendable leer todos los pasos a fin de entender el proceso en su totalidad.

Esta técnica parte de que cada lugar en el orientamos nuestra mirada genera una determinada conexión a nivel cerebral. Moviendo lentamente los ojos, tal como indicaremos a continuación, tenemos la capacidad de detectar esos lugares del cerebro que están activados por el trauma.

La desactivación uno a uno de todos esos puntos nos llevará a deshacer la red neuronal que permite que el trauma se manifieste a nivel emocional. Una vez desactivados todos los puntos, como por arte de magia, el trauma desaparece de forma permanente.

El tiempo necesario para llevar a cabo este proceso depende de cada persona y el trauma que libera. En ocasiones pueden ser menos de cinco minutos, mientras que en otras puede alargarse incluso más de una hora. En cualquier caso, se trata de una inversión en tiempo mínima considerando el resultado perseguido.

Atención: aplica esta técnica trabajando siempre en base a objetivos concretos, y no de forma general para liberar a la vez todos los traumas que puedas tener. Hacerlo de este modo te permitirá liberar cada trauma en un tiempo razonable, generando confianza en ti mismo de que lo estás haciendo bien.

El proceso de liberación de traumas consiste en lo siguiente:

Paso 1. Calibrar sí/no

Lo primero que debes hacer es identificar claramente las respuestas sí y no que obtienes a través del test muscular. El método más simple consiste en realizar este test con la frase: «Mi nombre es...», diciendo en una ocasión tu nombre correcto y en otra ocasión un nombre falso. Puedes probar también con cualquier otro estímulo que hayas identificado anteriormente y que te ofrezca la posibilidad de diferenciar claramente las respuestas.

Paso 2. Saber si existe un trauma emocional

Habiendo definido previamente el ámbito en el que quieres trabajar (el objetivo), debes preguntar por medio del TM si existe algún trauma emocional.

TM: ¿Tengo un trauma emocional en cualquier nivel que me impida alcanzar este objetivo?

En caso de obtener una respuesta afirmativa, debes continuar con el paso siguiente.

Paso 3. Obtener el permiso para liberarlo

Será tu subconsciente quien te indique el momento apropiado para liberarte de ese trauma. Para saber si puedes o no hacerlo en este momento, pregúntale utilizando el TM.

TM: ¿Puedo liberarlo ahora con el proceso de liberación de traumas?

En caso de no poder liberarlo ahora, podría ser por falta del tiempo o de la tranquilidad necesarios.

Paso 4. Proceso de liberación

Una vez que tienes la autorización para proceder con la liberación, vas a identificar y desactivar uno a uno los distintos puntos, a nivel cerebral, que la red neuronal del trauma mantiene activados. Para lograrlo, haz lo siguiente:

Con los **párpados cerrados, mueve muy lentamente los ojos** de lado a lado, haciendo un **movimiento de zigzag**, que comienza en el nivel superior, y va bajando poco a poco.

Harás un barrido lento de lado a lado, con el objetivo de recorrer lentamente todo el campo visual en busca de los puntos de activación del trauma que vayan apareciendo.

Los puntos de activación los identificarás al percibir en los ojos cualquier señal de los siguientes tipos:

- Cambios en el movimiento lento, lineal y suave. Por ejemplo, que los ojos se detengan, que den un salto, o que noten una fuerza que les impide llegar a una determinada zona.
- Aparición de colores, luces o texturas diferentes.

- Reacciones físicas en cualquier lugar del cuerpo como tensión en algún músculo, dolor, parpadeo, etc.
- Reacciones a nivel emocional. En estos casos es muy importante no engancharte a la emoción, sino simplemente utilizarla para identificar el punto.

En el momento que percibas cualquiera de estas señales, **mantén la mirada en ese lugar**, mientras **repites mentalmente** «*desactivo este trauma emocional*», al tiempo que **te pasas un imán*** desde el entrecejo hasta la nuca tres veces.

A continuación continúa moviendo lentamente los ojos en busca de algún otro punto de activación. Libera cada punto que vaya apareciendo, y continúa así hasta que al hacer el recorrido completo por el campo visual no aparezca ningún punto de activación.

Paso 5. Verificar la liberación

Una vez que hayas realizado el recorrido completo por todo el campo visual sin identificar punto de activación alguno, verificarás por medio del TM si el trauma ha sido liberado totalmente.

---

* Es válido cualquier imán de escasa potencia, ya sea de ferrita o neodimio, como los imanes publicitarios que acostumbramos a colocar en el frigorífico.

TM: ¿El trauma emocional ha sido totalmente liberado?

En caso de no haber sido totalmente liberado, vuelve al punto anterior y continúa hasta que no aparezcan nuevos puntos de activación.

Una vez que el trauma ha sido totalmente liberado, felicidades, ya te has desecho de un freno importante en tu vida.

Algunos aspectos que debes tener en cuenta en el proceso de liberación de traumas

Muy importante: mientras desarrolles el proceso de liberación de traumas no debes buscar recuerdos ni emociones de ningún tipo. La atención debes ponerla en todo momento en la búsqueda de los puntos y en la desactivación del trauma. El origen del mismo no solo no debe importarte, sino que además puede ser contraproducente acceder a él en este momento.

Pon atención a que el movimiento de los ojos sea muy lento. Cuanto más lento, con mayor facilidad percibirás los puntos de activación.

El número de puntos a identificar depende de cada persona y del trauma a liberar.

En caso de dificultad para realizar el ejercicio con los ojos cerrados, inténtalo con los ojos abiertos habiendo eliminado previamente todos los estímulos visuales que se encuentren en tu campo visual. Puedes ponerte frente a una pared lisa.

Es normal percibir un cierto dolor o malestar en los ojos después de varios minutos realizando el proceso. Se debe a que estamos activando la musculatura ocular de un modo distinto al que acostumbramos. Basta con hidratarte bien y reposar durante unos minutos para que el malestar desaparezca.

Para practicar con esta técnica te recomendamos que realices el proceso con el objetivo de *sacar el máximo provecho de este libro*.

ANEXO 1C:
RESET EMOCIONAL

El *RESET emocional* es una técnica exclusiva de método INTEGRA, que nació como respuesta a mi objetivo personal de poder realizar desbloqueos emocionales grupales en los cursos de transformación que realizamos en Método INTEGRA, o en cualquier tipo de evento multitudinario.

Como si de un *reset* informático se tratara, por medio del cual se libera toda la información almacenada en la memoria del ordenador, nosotros procederemos a liberar todas esas memorias emocionales que nos sobran, sin tener que identificar una a una las emociones que componen cada bloqueo, y mucho menos su origen.

Por medio del *RESET emocional* liberaremos todas aquellas emociones latentes que llevamos cargando y que se hallan relacionadas con el objetivo perseguido.

Cada lugar en el que fijamos nuestra mirada durante el proceso nos permite acceder a determinadas frecuencias energéticas y liberar un determinado grupo de emociones. Hacerlo secuencialmente, fijando nuestra mirada en distintos puntos, nos permite liberar de forma gradual buena parte de las emociones atrapadas que llevamos a cuestas.

En este caso no buscamos desactivar ninguna red neuronal, sino eliminar las energías latentes de distintas emociones que tenemos repartidas por todo el cuerpo. Con nuestra mirada puesta en cada punto accedemos a un lugar específico del cerebro, el cual a su vez está conectado con un órgano o lugar concreto del cuerpo. Es en este último punto, el lugar específico, donde realmente incide esta técnica, limpiando esas memorias celulares que allí se alojan.

Los resultados al liberar bloqueos emocionales pueden notarse de forma instantánea, especialmente cuando existe algún tipo de malestar físico o emocional que estaba causado por el bloqueo liberado, aunque en la mayoría de las ocasiones los efectos son más sutiles y se observan con el paso de las horas o los días.

Pese a su sencillez, se trata de una técnica con efectos profundos y duraderos, que puedes utilizar para liberar bloqueos emocionales de todo tipo, con independencia de los efectos que te hayan causado.

Antes de aplicar esta técnica por primera vez, es recomendable leer todos los pasos a fin de entender el proceso en su totalidad.

El proceso que se ha de seguir para realizar el *RESET emocional* del método INTEGRA es el siguiente:

Paso 1. Calibrar sí/no

Lo primero que debes hacer es identificar claramente las respuestas sí y no que obtienes a través del test muscular. El método más simple consiste en realizar este test con la frase: «Mi nombre es...», diciendo en una ocasión tu nombre correcto y en otra ocasión un nombre falso. Puedes probar también con cualquier otro estímulo que hayas identificado anteriormente y que te ofrezca la posibilidad de diferenciar claramente las respuestas.

Paso 2. Saber si existe un bloqueo emocional

Habiendo definido previamente el ámbito en el que quieres trabajar (el objetivo), debes preguntar por medio del TM si existe algún bloqueo emocional.

TM: ¿Existe algún bloqueo emocional relacionado con este objetivo?

En caso de obtener una respuesta afirmativa, debes continuar con el paso siguiente.

Paso 3. Obtener el permiso para liberarlo

Consultar mediante el TM:

TM: ¿Puedo liberarlo ahora con el RESET emocional?

En caso afirmativo, continúa con la liberación.

En caso de obtener un *no* por respuesta, deberás utilizar otra técnica para realizar la liberación. En ese caso, puedes escribirnos a info@metodointegra.com, y te enviaremos indicaciones de cómo proceder.

Paso 4. Liberación

Con los ojos cerrados, fija la mirada secuencialmente en los puntos 1 a 9. En cada punto repite mentalmente la intención de liberar ese bloqueo emocional («dejo marchar este bloqueo emocional»), y desliza tres veces el imán* desde el entrecejo hasta la nuca.

Para fijar la mirada en los nueve puntos, imagina que tienes delante una pantalla enorme y con tu mirada buscas los siguientes lugares:

Punto 1: mirada arriba a la izquierda.
Punto 2: mirada arriba.
Punto 3: mirada arriba a la derecha.
Punto 4: mirada a la derecha.
Punto 5: mirada al frente.

---

* Es válido cualquier imán de escasa potencia, ya sea de ferrita o neodimio, como los imanes publicitarios que acostumbramos a colocar en el frigorífico.

Punto 6: mirada a la izquierda.

Punto 7: mirada abajo a la izquierda.

Punto 8: mirada abajo.

Punto 9: mirada abajo a la derecha.

 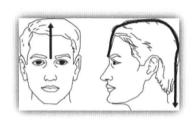

Paso 5. Verificar la liberación

Verifica con el TM que el bloqueo emocional ha sido liberado con éxito:

TM: ¿El bloqueo emocional ha sido liberado con éxito?

En caso de obtener una respuesta negativa, repite el proceso del punto anterior (liberación).

Con este proceso liberarás todo lo que tu subconsciente te permita liberar en este momento. En algunos casos puede quedar una parte del bloqueo para ser liberado posteriormente, como verás a continuación.

Paso 6. Verificar la existencia de algún bloqueo adicional

Con el TM, verifica si queda algún otro bloqueo emocional que deba ser liberado en otro momento:

TM: ¿Existe algún bloqueo emocional que deba ser liberado en otro momento?

En caso de existir este bloqueo, en realidad no se trataría de un bloqueo nuevo, sino de parte del bloqueo emocional inicial, que no pudo ser liberado en este momento.

Cada bloqueo emocional que liberamos total o parcialmente, genera un cambio vibracional en nosotros, y en ocasiones para evitar impactos demasiado fuertes, es preferible realizar una liberación gradual.

Nuestro subconsciente nos guía en todo momento por el proceso más seguro para nosotros, de modo que puede llevarnos a realizar la liberación total en una o en varias sesiones. En cualquier caso, siguiendo las indicaciones el proceso será totalmente seguro.

En caso de existir un bloqueo pendiente, repite el *RESET emocional* al día siguiente. Cuando lo hagas ve directamente al punto 3, y sustituye la pregunta allí indicada por la siguiente «¿Puedo liberar ahora el bloqueo emocional pendiente relacionado con el objetivo...?».

Para practicar con esta técnica te recomendamos que realices el proceso con el objetivo de *sacar el máximo provecho de este libro*.

ANEXO 1D:
GRABACIÓN DE CREENCIAS

En este anexo te enseñamos a grabar creencias a nivel subconsciente del modo más rápido y eficiente que conocemos. Se trata de la técnica de grabación de creencias utilizada en Método INTEGRA, que permite grabar prácticamente cualquier creencia en pocos segundos.

Para proceder con la grabación de creencias sigue los siguientes pasos:

Paso 1. Calibrar sí/no

Lo primero que debes hacer es identificar claramente las respuestas afirmativas y negativas que obtienes a través del test muscular. El método más simple consiste en realizar este test con la frase: «Mi nombre es...», diciendo en una ocasión tu nombre correcto y en otra ocasión un nombre falso. Puedes probar también con cualquier otro estímulo que hayas identificado anteriormente y que te ofrezca la posibilidad de diferenciar claramente las respuestas.

Paso 2. Activación cerebral

Antes de proceder a la grabación de cada conjunto de creencias debes asegurarte de tener activado todo tu cerebro. De no hacerlo, es posible que te encuentres con dificultades serias para grabar alguna de las creencias.

La técnica que utilizarás para realizar la activación cerebral es el *paso cruzado,* que facilita el transporte de energía entre los hemisferios derecho e izquierdo del

cerebro, produciendo la activación conjunta o sincronización de ambos hemisferios.

El *paso cruzado* es tan fácil como andar sin avanzar, y consiste en lo siguiente:

- De pie, levanta la pierna izquierda y lleva tu mano derecha hasta la rodilla.
- Al bajarlos, levanta la pierna derecha y con la mano izquierda toca su rodilla.
- Continúa con este movimiento alternando los puntos anteriores durante, al menos, **un minuto**. Mientras lo haces, respira profundamente, inspirando por la nariz y espirando por la boca. Si además pones la intención en «*activar todo mi cerebro para las creencias que voy a grabar a continuación*», estarás realizando una activación selectiva, totalmente enfocada al objetivo que perseguimos.

En caso de tener algún impedimento para realizar este ejercicio estando de pie, puedes realizarlo sentado. Para ello levanta la rodilla derecha y tócala con la mano izquierda. Luego, bájalas, levanta la pierna izquierda y tócala con la mano derecha. Continúa repitiendo este movimiento al tiempo que respiras profundamente, inspirando por la nariz y espirando por la boca. En caso de necesidad, cualquier ejercicio de *brain gym* podría serte útil para alcanzar este mismo objetivo de activación cerebral.

A continuación irás una por una por todas las creencias que tengas en la lista de creencias que deseas interiorizar. Para cada creencia seguirás los pasos siguientes de este proceso.

Paso 3. Somete la creencia a un test previo

Somete al test muscular la creencia que deseas grabar en tu subconsciente. Para hacerlo repite la creencia en voz alta, y observa la respuesta.

Si obtienes un *sí*, tu subconsciente ya posee esta creencia, de modo que puedes saltar a la siguiente de la lista. Si obtienes un *no*, continúa con el paso 4.

Paso 4. Grabar la creencia

Con los ojos cerrados, manteniendo separados los pies y las manos, repite tres veces la creencia en silencio. Con cada una de las frases, pásate un imán* desde el entrecejo hasta la nuca.

---

* Es válido cualquier imán de escasa potencia, ya sea de ferrita o neodimio, como los imanes publicitarios que acostumbramos a colocar en el frigorífico.

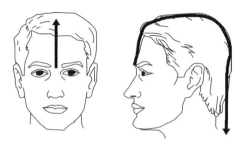

Paso 5. Confirmar la programación

Confirma por medio del test muscular que la creencia ha sido grabada correctamente. Para hacerlo, basta con que repitas la creencia en voz alta y observa la respuesta por medio del test muscular.

Si la respuesta es *no*, vuelve a pasar el imán tres veces mientras repites mentalmente la creencia en voz alta, y vuelve a someter al test muscular la creencia. Continúa repitiendo la creencia y pasando el imán hasta obtener una respuesta afirmativa con el test muscular.

Ahora que ya conoces esta técnica de grabación de creencias a nivel subconsciente, ponla en práctica con las siguientes creencias:

• Estoy en el camino correcto para recuperar mi poder personal.

- Mi propio desarrollo personal es prioritario para mí.
- Yo soy el único capaz de controlar lo que ocurre en mi interior.
- Yo tengo el poder para crear la vida que quiero vivir.
- Mi vida cambia cuando yo cambio interiormente.
- Todo lo que pienso, siento y hago se halla bajo mi control.
- Soy el único responsable de mis acciones.
- Me siento seguro y competente para seguir las instrucciones de este libro paso a paso.
- El proceso incluido en este libro me ayuda a evolucionar y desarrollarme como persona.

ANEXO 2

PRÁCTICAS Y EJERCICIOS

....

No basta saber, se debe también aplicar. No es suficiente querer, se debe también hacer.

J. W. von Goethe

La transformación llevada a cabo a lo largo de este libro te permitirá alcanzar metas importantes, y te hará sentir buena parte de ese potencial que tenías dormido en tu interior. El presente anexo te ayudará a consolidar el trabajo de transformación y te permitirá ver esos cambios en acción lo más rápidamente posible.

Para que tu mente asimile de forma completa las nuevas creencias que has incorporado en tu subconsciente, es necesario activar y poner en marcha la transformación realizada. Eso solo se consigue viviendo y enfrentado el objetivo trabajado: poner en práctica tu poder personal.

A continuación te proponemos una serie de ejercicios que te ayudarán a percibir, practicar y seguir desarrollando tu poder personal. Son herramientas muy útiles para facilitar y potenciar tu transformación.

Hemos dividido los ejercicios en tres ámbitos:

A- Tomar el control de las emociones
B- Desarrollo del poder personal
C- Avanzar hacia la misión

Te recomendamos que los realices todos, pero si lo deseas puedes escoger aquellos que consideres que te pueden ayudar a conseguir tu propósito con mayor facilidad y rapidez. De hecho, estas propuestas de ejercicios te pueden inspirar tus propios ejercicios.

Recuerda que el único objetivo es que puedas encontrar tu propia fuerza y capacidad interior para que seas tú mismo quien dirija tu vida.

ANEXO 2A:
TOMAR EL CONTROL DE LAS EMOCIONES

Lo primero que debes asumir es que a lo largo de tu vida siempre sentirás emociones, tanto agradables como desagradables. No se pueden apagar ni esconder, forman parte de nuestra naturaleza humana. Es cierto que a veces vivimos emociones que no queremos sentir y que querríamos extirpar de raíz, pero esconderlas o rechazarlas no soluciona el problema, ya que pueden permanecer en nuestro interior generándonos un impacto silencioso y enormemente destructivo.

Como has aprendido en este libro, con el Método INTEGRA podemos liberarnos de los traumas y los bloqueos emocionales que nos frenan y nos impiden conseguir nuestros objetivos. Si te das cuenta de que tienes dificultad para gestionar algunas de tus emociones, aprender el Método INTEGRA te será de gran ayuda para deshacerte de las emociones que te bloquean.

Ahora bien, no todas las emociones que sentimos se activan como consecuencia directa de traumas o de bloqueos emocionales. Y dado que siempre vamos a sentir emociones, resulta esencial entender que también debemos aprender a gestionar nuestro mundo emocional. Se trata de un aprendizaje que únicamente se puede llevar a cabo cuando uno acepta sus emociones y decide que puede aprender algo de ellas.

En el capítulo 2 vimos que las emociones son nuestros indicadores de coherencia: nos informan de si lo que estamos viviendo, o pensando, está en equilibrio con lo que creemos que debe ser. Cuando hay un desajuste entre la realidad vivida y nuestras expectativas, es cuando aparecen nuestras emociones para mostrarnos lo que no funciona o lo que no es como creemos que debería ser.

Entendiéndolas de este modo, en lugar de rechazar, negar o maldecir las emociones desagradables que sentimos, deberíamos agradecerles su función. Por medio de ellas, nuestro subconsciente nos informa de situaciones en las que deberíamos cambiar la dirección por la que circulamos si realmente deseamos vivir con equilibrio y coherencia.

Ante una situación que despierta en nosotros malestar emocional, tenemos dos caminos de actuación para alcanzar el equilibrio:

1. Hacer cambios externos: tomar y ejecutar decisiones que nos lleven a actuar de forma diferente frente a esas circunstancias que despiertan en nosotros malestar.
2. Hacer cambios internos: cambiar la interpretación que hacemos de la situación para

vivirla, por medio de nuestras creencias, para alcanzar la coherencia y el equilibrio interior.

De hecho, se pueden utilizar ambos caminos a la vez, y en muchas situaciones hacerlo será la estrategia más adecuada. Un ejemplo de este tipo de situaciones puede ser el aceptar, por medio de nuevas creencias, una realidad que estamos rechazando, y a la vez incorporar una forma diferente de actuar frente a la situación.

Pero siempre hay una premisa necesaria para hacer este trabajo, aceptar nuestras emociones y darnos cuenta de lo que nos están pidiendo resolver.

Aceptar y afrontar nuestras emociones desagradables requiere de sinceridad y valentía. Afortunadamente todos tenemos esta capacidad en nuestro interior.

A continuación te indicamos tres ejercicios y herramientas para practicar y trabajar lo que hemos explicado.

MEDITACIÓN

La meditación es la práctica de entrenar la mente para conseguir una mayor consciencia y percepción de uno mismo, conseguir un estado de mayor bienestar y relajación, y aumentar la capacidad de control y atención de la mente. Todo ello siguiendo un camino que nos lleva a través de la utilización de frecuencias cerebrales de menor rango a las utilizadas habitualmente cuando estamos despiertos y comunicándonos.

Podemos encontrar religiones que tienen incorporada la meditación en sus prácticas espirituales, pero no se trata de una práctica exclusivamente espiritual. De hecho, se puede practicar, y consecuentemente gozar de sus beneficios, sin seguir ningún credo en concreto. No hace falta creer en nada en particular para poder meditar.

Hay muchos tipos de meditación pero a grandes rasgos se puede clasificar en dos grupos: la meditación de conciencia plena, en la que centramos nuestra atención en la experiencia y en la percepción de nosotros mismos, y la meditación de concentración, en la que centramos nuestra atención en un objeto, un pensamiento, una imagen, música...

En este libro vamos a explicar la meditación como herramienta para observar nuestros pensamientos y nuestro estado emocional. Se trata de un ejercicio de autoconocimiento que te permitirá ver y escuchar la información que te aportan tus emociones y tu subconsciente.

Ejercicio de meditación

Sitúate en una posición cómoda, preferiblemente sentado y con la espalda recta, al tiempo que relajada.

Cierra los ojos y afloja las tensiones de tu cuerpo hasta que te sientas más distendido y relajado. Puedes ayudarte con la respiración, aflojando las tensiones cada vez que exhales el aire.

Es muy probable que, mientras hagas este primer ejercicio de relajación, de forma automática te vengan pensamientos. Es lo habitual. Tu subconsciente es quien te muestra estos pensamientos porque está programado para ello. Esto provoca que nuestros pensamientos estén fluctuando continuamente en nuestra mente.

Cuando medites, lo importante es dejar pasar de largo estos pensamientos, sin juzgarlos, sin engancharte a ellos, sin seguir su hilo. No es necesario bloquearlos. Simplemente dejarlos pasar como si fueran nubes que observas en el cielo. Las ves, pero pasan de largo sin que tú intervengas. Haciéndolo de este modo, le estás dando la orden a tu subconsciente de que en ese momento de relajación no debe presentarte pensamiento alguno. Este ejercicio es un modo de programar el subconsciente.

Con solo esta práctica ya estás meditando. Aprender a dejar pasar los pensamientos sin juzgarlos ni intervenir, te va a permitir conocer tu mundo interior. Es una herramienta muy útil para el autoconocimiento, que te permitirá detectar creencias que ya no te resultan útiles y patrones mentales que necesitas transformar. Recuerda que toda la información que veas de ti mismo te puede ser de utilidad para identificar y resolver tus necesidades.

También puedes ir un paso más allá y hacer lo mismo con tus emociones. Delante de una emoción desagradable, puedes hacer el ejercicio de meditación y escucharla sin juzgar y sin engancharte a ella. Como si fueras un espectador que está mirando una película. Si dejas un espacio entre tú y esta emoción, sin que te quedes atrapado en ella, te será más fácil percibir lo que te está comunicando.

Escribir lo que has percibido, una vez finalizado el proceso, te puede ayudar a clarificar la experiencia.

No te centres en la emoción, ni en la experiencia en sí misma, sino en entender la emoción y resolver el problema que esta te genera, ya sea cambiando creencias, hábitos, comportamientos… aprender Método INTEGRA te facilitará enormemente este trabajo.

No busques tampoco culpables, ni siquiera profundices en el suceso que originó esa emoción. Este camino únicamente retrasará y dificultará el cambio. Piensa que cada vez que sintonizas con una determinada emoción, estás reforzando la red neuronal que en tu cerebro permite la activación de dicha emoción. Y cuanto más reforzada esté esa red neuronal, con mayor facilidad se volverá a activar la misma emoción en el futuro.

Utiliza el conocimiento de ti mismo para resolver tus miedos y transformarte, no para perpetuar ese estado que quieres cambiar.

GESTIÓN DE LAS EMOCIONES

Para gestionar las emociones debemos tener claro que nosotros somos los únicos responsables de lo que vivimos. Si culpamos o responsabilizamos a los demás, les estamos entregando nuestro poder.

Ideas clave para gestionar las emociones

- Una emoción nos indica el grado de coherencia o incoherencia entre la realidad que estamos experimentando y nuestras expectativas.
- Cuando vivimos emociones desagradables, aceptar la emoción y su mensaje es mucho más resolutivo que rechazarla o luchar en contra.
- Solo cuando aceptamos y escuchamos el mensaje tenemos el poder y la información necesaria para cambiar la situación.
- La situación o el conflicto en sí mismos, no son el objeto de nuestro problema real. El problema real es nuestra interpretación, o lo que es lo mismo, el modo en el que vivimos y gestionamos esa situación.

- Ante un acontecimiento, cada uno es responsable de su interpretación y reacción. Tenemos la capacidad de escoger qué pensar, qué sentir y cómo actuar.
- Cambiando nuestra forma de interpretar y vivir esa situación para que sea más coherente con nuestros deseos, motivaciones y necesidades, dejaremos de engancharnos con emociones desagradables.
- Cada persona tiene sus propias creencias, de modo que todos somos diferentes. Esto nos lleva a que la interpretación de cada emoción es personal e intransferible. Cada persona debe encontrar su propia coherencia interna.

Ejercicio práctico

Céntrate en un problema o situación que te provoque alguna emoción desagradable. Escribe la situación y el conflicto que te genera.

A continuación escribe cómo lo vives y lo que sientes, sin juzgarte. No buscamos castigarnos ni regañarnos. Únicamente buscamos la información que nos permitirá cambiar y resolver el problema. Sé sincero y valiente para quitarte todas las máscaras.

Céntrate en ti, sin tener en cuenta a los demás, y por supuesto olvídate del azar. Tenemos poder personal cuando, a pesar de los demás y de los acontecimientos, nos responsabilizamos de nosotros mismos.

Céntrate en tus miedos, debilidades o en las necesidades no resueltas que esta situación está sacando a la luz. No te quedes en la superficie del problema, hazte preguntas que te hagan profundizar en tus necesidades reales.

Esta información es una valiosa guía para tu cambio. Te mostrará la dirección en la que se resuelven tus necesidades.

Cuando has detectado todo esto, debes buscar la forma en que quieres cambiar para que la situación deje de ser un problema. No hay una fórmula correcta. Hay personas que quizás aceptando la situación tienen suficiente, hay otras que necesitan cambiar alguna creencia o algún punto de vista, alguna precisará primero liberar algún bloqueo emocional estancado, hay quién necesitará desarrollar una habilidad concreta... Cada uno es responsable de encontrar su propia manera de transformar la situación.

GESTIÓN DE LOS RECURSOS PERSONALES

En ocasiones, una falta de recursos personales puede generar dificultad para gestionar adecuadamente las emociones. Lo vamos a ver en un ejemplo muy fácil:

Imagínate que eres una persona muy perfeccionista. Te gusta controlarlo todo y que las cosas se hagan bien (según tu percepción, claro). Imagínate ahora que algo sale mal o que se comete un error. Aunque no lo hayas cometido tú directamente, te afecta. Es muy probable que empieces a sentir emociones diversas: culpa, vergüenza, frustración, miedo por las consecuencias... Hasta aquí hemos planteado el problema, y según los recursos personales y emocionales que cada uno tenga podrá hacer frente a las emociones que ha provocado esta situación desequilibrante.

Si la persona sabe aceptar, asumir y aprender de sus errores, le será más fácil superar la situación que si está acostumbrada a evitarlos, negarlos o culpar a los demás.

Si la persona se siente capaz de seguir adelante y sobreponerse de un fracaso sin que su autoestima se vea afectada, podrá gestionar esta situación con más calma y serenidad.

Muchos de nuestros miedos pueden tener su base en esta falta de recursos internos:

- Me da miedo hablar en público, pero en realidad lo que en el fondo me preocupa es no saber afrontar las críticas por miedo al rechazo.

En este caso los recursos que le faltan son de aceptación, resiliencia y aprendizaje de las críticas sin tomárselo de forma personal.

- Evito las discusiones porque no me gustan, cuando en el fondo el problema es que tengo miedo de que los demás no aprueben mis ideas u opiniones.

  La falta de recursos en esta ocasión pasa por dar la opinión personal sin la necesidad de que sea una verdad absoluta, ni de que sea apoyada por los demás

Muchas veces nuestras emociones desagradables lo que nos muestran son esas debilidades o esa falta de recursos a la hora de afrontar y gestionar una situación. Normalmente esto es debido a que no lo hemos aprendido o experimentado a lo largo de nuestra vida. O puede que hayas tenido una mala experiencia que te haya bloqueado el aprendizaje.

Detectar qué recursos internos están poco desarrollados nos ayudará a encontrar el camino a seguir para fortalecernos y gestionar mejor nuestras emociones.

Cuando incorporamos estos nuevos recursos las emociones desagradables disminuyen y se pueden gestionar con más facilidad. Al disponer de las herramientas necesarias para afrontar la situación que antes temíamos, ganamos en seguridad y tranquilidad. A medida que te das cuenta de que puedes gestionar lo que antes no podías, las emociones desagradables incluso pueden llegar a desaparecer.

Recuerda que con el Método INTEGRA te resultará mucho más fácil y rápido incorporar estos cambios internos. La metodología que propone te permite liberarte de todas tus memorias emocionales (bloqueos emocionales y traumas), así como asimilar nuevos patrones de conducta por medio de creencias definidas y grabadas a medida. Por medio de esa reprogramación integrarás estos recursos que te pueden faltar.

ANEXO 2B:
DESARROLLO DEL PODER PERSONAL

El trabajo de transformación que te propone este libro tiene el objetivo de despertar en ti el cambio hacia tu poder personal.

Liberando tus traumas y bloqueos emocionales, y posteriormente grabando las creencias de *aceptación*, *valoración*, *confianza* y *seguridad* que te indicamos, has tenido la oportunidad de asentar en tu subconsciente las bases para desarrollar buena parte de ese potencial que todavía no utilizabas.

A partir de ahora, en tus vivencias diarias podrás ensayar y comprobar el cambio que se ha producido en tu interior. Te animamos a que continúes desarrollando tu poder personal en cada experiencia que vivas.

Cada elección que realices será una oportunidad para aprovechar tu libre albedrío en pro de convertirte en la mejor versión de ti mismo.

En este anexo encontrarás tres ejercicios que te llevarán a desarrollar todavía más tu poder personal, y a aprender a asumir la responsabilidad de tus propias elecciones.

RECONOCE TUS CUALIDADES

La mayoría tendemos a fijarnos más en los defectos y las carencias que en las cualidades y aptitudes. Es como si nuestra mente buscara enfocarse en lo negativo y dejara pasar de largo lo positivo, sin darnos cuenta de ello.

Para desarrollar el poder personal es preciso tener un enfoque totalmente diferente. Es cierto que todos tenemos carencias y puntos débiles; pero también tenemos cualidades y destacamos en algún ámbito. Si damos más peso a las primeras, nuestra autoestima, como es lógico, estará por los suelos.

Después de hacer el trabajo que proponemos en este libro, te recomendamos que elabores una lista lo más exhaustiva que puedas de tus cualidades. Añade todo lo que se te ocurra, aunque te parezca algo sin importancia o natural en ti. Dales reconocimiento y agradécete a ti mismo el hecho de poder contar con ellas. Son importantes y forman parte de ti.

Algún ejemplo:

Cocino muy bien, soy hábil con los trabajos manuales, soy un gran lector, sé escuchar, soy un buen amigo, siempre sonrío a los demás, tengo buena memoria, siempre tengo metas y objetivos para superarme, soy optimista, soy bueno en los negocios, soy buen padre, trato a mi familia con amor, etc.

Si quieres también puedes hacer una lista de tus defectos y carencias, pero con un cambio sustancial de enfoque: en lugar de describirlos como debilidad o limitación, piensa que son potenciales o cualidades que todavía no has desarrollado.

Si consigues adquirir esta perspectiva, viendo todo en positivo, centrándote en el potencial de cambio y evolución, en lugar de mirarlo como algo que te incapacita, estarás asumiendo en mayor medida tu poder personal.

Algún ejemplo:

Si eres desordenado: soy capaz de mantener el orden durante poco tiempo. Cuando decida que el orden es importante para mí, puedo darme tiempo para organizar mis cosas y aprender a mantener la armonía a mi alrededor.

Si eres irascible: ciertas situaciones me provocan emociones de enojo, especialmente ante la injusticia. Eso me da mucha fuerza y energía interna que me cuesta canalizar sin perder el control. Cuando decida que quiero tener más paz interior, me voy a dar tiempo para aprender de mis emociones y buscar soluciones para resolver mis conflictos.

Siempre está en tus manos cambiar y desarrollar nuevas capacidades o habilidades. Si te enfocas en ello y lo priorizas puedes desarrollar todo lo que te propongas. Recuerda que tu subconsciente es la clave si realmente deseas avanzar por este camino.

Se puede dar el caso que algunos de tus defectos o carencias no te molesten o simplemente no desees cambiarlos. O puede que no sea el momento adecuado. Lo que decidas está bien. En este caso lo que te recomendamos es que aceptes y asumas lo que eso conlleva.

Aceptarnos por competo tal y como somos, tanto si queremos cambiar como si no, también forma parte del desarrollo de nuestro poder personal.

OBSERVA Y RECONOCE TU PODER PERSONAL

Otro ejercicio que puedes hacer para acrecentar tu poder personal es reconocerlo en tu día a día, fijarte en él, y darte cuenta del poder que tienes en cada una de tus vivencias.

Es un ejercicio muy interesante para realizar cuando tengas que tomar alguna decisión, lo que puede ser muy a menudo, ya que en realidad, tomamos muchas decisiones durante el día.

Puedes hacerlo en cualquier momento. Tan solo precisas de unos minutos para observar la situación que vives, y responderte a ti mismo algunas de estas preguntas:

- Lo que está pasando... ¿depende de mí?
- En esta situación... ¿qué es lo que depende de mí?
- Solucionarlo... ¿depende de mí?
- ¿Me gusta o me satisface lo que estoy viviendo?
- ¿Puedo hacer algo para vivir de forma diferente esta situación?
- En esta situación... ¿cómo y para qué puedo utilizar mi poder personal?
- ¿Dónde están mis límites en la responsabilidad de esta situación?
- ¿Dentro de mi responsabilidad, qué puedo hacer?

Ten en cuenta que quizás la situación requiera otras preguntas más oportunas para ti o para la situación. Háztelas también. Todo lo que te ayude a detectar y utilizar tu poder personal, bienvenido sea.

Este ejercicio te permitirá aprender a reconocer tus responsabilidades y tus límites en las situaciones que diariamente vives. También aprenderás que puedes tomar decisiones basadas en esta responsabilidad y cambiar actitudes internas para vivir de forma diferente las circunstancias que te desagraden.

VISUALIZACIÓN

Nuestra mente tiene la maravillosa capacidad de imaginar. Puede que unos más que otros, pero todos la utilizamos a menudo. A través de esta capacidad podemos evocar recuerdos, construir un sueño, recrearnos en una fantasía...

No importa si aquello que imaginamos es real o no lo es, si ha ocurrido realmente o bien es fruto de nuestra capacidad creativa. Cuando logramos imaginar una determinada situación nuestro cerebro se activa del mismo modo que si la estuviéramos viviendo en ese instante, generando una respuesta física y emocional como consecuencia de la visión que estamos teniendo.

Muchas técnicas de relajación nos llevan a imaginar un lugar tranquilo o agradable, que nos permita guiar nuestra mente y nuestro cuerpo hasta un espacio de armonía y paz interior.

Yendo un paso más allá, nos daremos cuenta de que al repetir frecuentemente esa visualización, se convertirá en un hábito en nuestra vida diaria. Las conexiones neuronales creadas al grabar las creencias de este libro serán reforzadas, y los efectos perseguidos serán cada vez más obvios en el día a día.

Visualízate a ti mismo con lo que para ti signifique tener desarrollado al máximo tu poder personal. ¿Qué tipo de persona serías si tu poder personal estuviera plenamente desarrollado?, ¿qué cosas harías en tu día a día?, ¿cómo serían tus relaciones con tu familia y amigos?, ¿cómo sería tu diálogo interior?, ¿te sentirías orgulloso y satisfecho de ti mismo?...

Realizando a menudo este ejercicio estarás reforzando la activación cerebral que te permite sacar lo mejor de ti mismo, y tus nuevas creencias se verán totalmente consolidadas.

Asimismo, cuanto más utilices estas conexiones más se van a reforzar, y los patrones mentales que estés visualizando quedarán impresos de forma permanente en ti. Tu poder personal estará tan libre para ser utilizado como tú seas capaz de imaginar.

Ejemplo de visualización

Ponte cómodo, ya sea sentado o estirado. Haz varias respiraciones profundas, y en cada exhalación ve aflojando las tensiones de tu cuerpo.

Cuando te sientas relajado, visualízate a ti mismo como esa persona que siempre has deseado ser:

* Imagina el modo en el que vas vestido.
* Dónde vives.
* Qué haces en tu día a día.
* Cómo te sientes por dentro.
* Qué emociones te acompañan habitualmente.
* Cómo te relacionas con los demás.

Cualquier elemento que consideres que te pueda ayudar en la visualización para reafirmar tu poder personal, añádelo.

Cuando estés dispuesto a terminar el ejercicio, retoma el contacto con tu respiración y las sensaciones de tu cuerpo.

Abre los ojos y mantén ese estado de equilibrio y fuerza interior mientras continúas con tu actividad diaria.

¡Atención! Si en la visualización hay algún aspecto que te activa sentimientos contradictorios, ten en cuenta que se puede tratar de un elemento o algún aspecto de ti que necesites trabajar o transformar.

ANEXO 2C:
AVANZAR HACIA TU MISIÓN

Para avanzar y llegar a vivir verdaderamente tu misión de vida, es imprescindible que tomes decisiones y actúes. Si tú no te mueves, nadie lo hará por ti. Seguir un camino u otro, o incluso continuar en el camino actual, siempre es decisión y responsabilidad de uno mismo.

Por lo general, en la sociedad occidental se nos programa para convertirnos en piezas que encajen con el sistema económico, y no se nos enseña a definir nuestra propia vida en base a encontrarle un sentido. Se nos impulsa a seguir de forma automática el patrón de vida establecido de forma general, renunciando habitualmente a aquello en lo que destacamos y nos hace sentirnos plenos.

Comúnmente llegamos a un momento en nuestra vida en el que nos damos cuenta de que el camino recorrido no nos produce satisfacción, y mucho menos realización personal.

Darse cuenta de eso puede provocar emociones desagradables como miedo, frustración, sensación de fracaso, desmotivación, ansiedad, insatisfacción... Recuerda que las emociones son indicadores de que tus vivencias no están en coherencia con lo que crees que debería ser. Darse cuenta de esto no es malo, aunque se viva de forma desagradable. Es una maravillosa oportunidad de redirigir tu vida para ser auténticamente feliz.

Con la edad nos volvemos más conscientes de la importancia de que nuestra vida debe tener un sentido, y ese sentido lo encontramos en la medida que identificamos nuestra misión personal.

Si para ti es importante cumplir con tu misión personal de vida, te recomendamos que empieces desde ahora mismo a dar pasos en esa dirección. Si ya lo estás haciendo, enhorabuena, pero si no es el caso, ten presente que no importa si empiezas con pasos pequeños o grandes. Lo que realmente importa es que sepas a dónde te diriges y mantengas firme tu avance hacia allí.

En ocasiones, descubrir la misión personal puede provocar contradicciones, especialmente cuando nuestra vida está alineada en una dirección muy diferente. De darse esta situación en tu caso, recuerda que debes buscar siempre la coherencia contigo mismo y con lo que realmente deseas vivir. Ten presente también, que quizás precises desarrollar alguna capacidad o habilidad adicional, que te permita sentir más seguridad a medida que avances. Si fuese el caso, no dudes en utilizar Método INTEGRA para desarrollar, de un modo rápido y efectivo, todos esos recursos internos que están esperando salir a la luz.

No permitas en ningún caso que la prisa, el miedo o la inseguridad se apoderen de ti. Recuerda que todos los trayectos necesitan ser recorridos en su totalidad. Por lo general, no podemos ir de Barcelona a París de un salto. Hay quienes necesitarán recorrer el camino poco a poco e ir haciendo paradas, pero también hay quienes están preparados para tomar un avión y llegar rápidamente. En cualquier caso, siempre será necesario preparar el equipaje, pasar los controles de seguridad y puede que incluso hacer alguna parada intermedia antes de llegar al destino final.

Sea cual sea tu forma de avanzar, te será de gran ayuda elaborar un plan de acción que te permita saber cuáles son tus objetivos y en qué momento de tu progreso te encuentras.

En los ejercicios de este anexo encontrarás algunas ideas para ordenar, organizar y planificar el camino hacia tu misión personal.

ORDENA TUS IDEAS

Para poder trazar un plan de acción es necesario poner en orden las ideas, tener claros los objetivos y las prioridades.

En este ejercicio te proponemos trabajar y profundizar en todo lo que hayas apuntado en el ejercicio del capítulo 4 donde trabajaste *Tu misión de vida*.

Profundiza en tu misión

Recuerda que tu misión está directamente relacionada con aquello que se te da realmente bien, y al mismo tiempo disfrutas haciéndolo. Tu misión está relacionada con aquello que harías incluso si no cobraras por ello.

Para saber más sobre tu misión, avanza del siguiente modo:

1. Describe tu misión en un párrafo.
2. Describe tu misión en una sola línea.
3. Describe tu misión en tres palabras.
4. Identifica tu misión con una sola palabra:
5. ¿Cuál es la esencia de tu misión? (*La esencia está relacionada con aquello que es invariable. No es la forma en la que la alcanzo, sino el fondo que se mantiene constante*).*
6. ¿Qué beneficios o satisfacciones te aporta a ti tu misión?
7. ¿Qué quieres aportar a los demás, o al mundo, con el desarrollo de tu misión? ¿Cuál es tu propósito?
8. ¿Tu misión está relacionada con alguno de tus sueños personales? ¿Cuál/es?
9. ¿Tu misión aporta coherencia y sentido a tu vida? ¿Por qué?

---

* Tal y como explicábamos en el punto 5 de la página 109.

10. ¿Te sientes preparado para empezar a desarrollar tu misión? ¿Tienes miedo de algo?

Profundiza en el camino hacia tu misión

Una vez que tienes, en mayor o menor medida, identificada tu misión, debes plantearte el modo en el que orientar tu vida para hacer de tu misión una realidad. Para ello, haz lo siguiente:

1. Elabora una lista de las cosas que deberías cambiar para desarrollar y avanzar hacia tu misión.
2. Elabora una lista de las habilidades, capacidades, herramientas o recursos que deberías aprender para desarrollar y avanzar hacia tu misión.
3. Haz una lista de las decisiones que deberías tomar para desarrollar y avanzar en tu misión. Priorízalas por orden temporal.
4. ¿Estás dispuesto a tomar decisiones y actuar para desarrollar tu misión? En caso de que no lo estés del todo, valora qué te lo impide.
5. Haz una lista de las acciones que deberías ejecutar para desarrollar y avanzar en tu misión. Priorízalas por orden temporal.

6. En caso de que tu misión implique desarrollar un proyecto, analiza los pasos y los recursos que necesitarás para llevarlo a cabo.
7. Redacta una lista de las cualidades y habilidades que tienes ahora y que te pueden ayudar a desarrollar tu misión.
8. Haz una lista de lo que te podría limitar o entorpecer el avance hacia tu misión, ya sea debido a tus propias limitaciones, ya sea por las del entorno.
9. ¿Cómo crees que podrías resolver las limitaciones de la pregunta anterior?
10. ¿Cuáles serían los primeros pasos para empezar a desarrollar tu misión?

PLAN DE ACCIÓN

Siempre que nos propongamos alcanzar metas u objetivos importantes, es aconsejable establecer un plan de acción que nos permita definir el camino que debemos seguir, marcando objetivos parciales.

Elaborar un plan de acción personal te será muy útil para definir el camino que quieres seguir en el desarrollo de tu misión personal de vida.

El plan de acción te servirá para concretar los objetivos que quieres lograr, las estrategia, acciones y tareas que utilizarás para avanzar hacia allí, los recursos que vas a necesitar y el tiempo aproximado que te marcas para lograrlo.

El objetivo de elaborar un plan de acción es que te permita empezar a avanzar y que te sirva de guía en cada momento del camino.

Es muy probable que una vez definido, lo vayas modificando o afinando a medida que vayas desarrollando tus ideas. No dudes en hacerlo. El plan de acción es tan solo una herramienta o guía que te va a permitir actuar, sin ir a ciegas.

Otra de las ventajas de elaborar un plan de acción es que podrás darte cuenta de que tu proyecto se divide en diferentes partes o tareas. Recuerda que no tienes por qué hacer todo al mismo tiempo. Si en lugar de querer hacerlo todo de golpe, sigues las tareas marcadas en tu plan de acción, irás avanzando paso a paso sin agobiarte.

Si has realizado el ejercicio anterior, *ORDENA TUS IDEAS*, habrás profundizado en tu misión y en todo lo que necesitas para desarrollarla. Utiliza esa información y toda la que vayas obteniendo, para elaborar el plan de acción.

Pasos para elaborar y ejecutar
un plan de acción simple

1. Define tus objetivos: claros, precisos y que se puedan medir.
2. En el caso de que tu misión implique aportar algo a otras personas, define a quién te diriges exactamente.
3. Concreta las estrategias que utilizarás para llegar al objetivo: es el camino que vas a seguir.
4. De cada una de las estrategias, detalla las tareas concretas que te permitirán avanzar.
5. Especifica los recursos y apoyos que necesitas en cada una de tus estrategias y tareas.
6. Pon una fecha límite para lograr cada uno de tus objetivos (puedes hacer lo mismo para las tareas que has definido).
7. Si es el caso, define los recursos externos que necesitas para desarrollar tus estrategias.
8. Ejecuta el plan de acción.
9. Evalúa los resultados que vas obteniendo así como los tiempos que te has marcado.
10. Si algo no funciona o crees que se puede mejorar, introduce cambios en tu plan de acción.

Mi misión	Objetivos	Estrategias	Tareas	Fecha	Recursos y apoyos
	A	A1	T1		
			T2		
			T3		
	B	B1	T1		
		B2	T1		
			T2		

REVISIÓN

Al igual que ocurre cuando hacemos cosas nuevas de cualquier tipo, desarrollar nuestra misión implica un aprendizaje. Esto siempre forma parte de cualquier nuevo proyecto que emprendamos o de cualquier camino no habitual por el que transitemos. De ahí la importancia de revisar periódicamente lo que estamos haciendo, ya sea para incorporar nuevos cambios, mejorar o innovar, ya sea para asimilar lo experimentado y aprendido.

La misión no es un proyecto cualquiera. Para muchas personas es su proyecto de vida. Eso quiere decir que no solo debería implicar el analizar los resultados que obtenemos, también debemos escuchar nuestras emociones y nuestro corazón para asegurarnos que estamos viviendo desde la coherencia y el equilibrio interior.

Intentando ser sincero y objetivo, revisa las estrategias y tareas, así como los resultados que vas obteniendo. Pero también revisa el modo en el que te sientes al respecto, y si sigues estando en coherencia con el impulso que te llevó a iniciar este camino.

En caso de sentir emociones desagradables o contradictorias a medida que desarrollas tu misión, permítete descubrir el mensaje que hay detrás. A continuación, emprende los cambios necesarios, ya sean internos o externos, para mantener la coherencia contigo mismo y con todo lo que haces en tu vida.

Recuerda siempre cuál es la esencia de tu misión. Es muy fácil perderse en la forma que le damos. Recuerda que podemos lograr expresar nuestra misión de muchas formas distintas, e incluso estas pueden cambiar a la lo largo de nuestra vida.

Permítete ser feliz y vivir con coherencia y sentido. No olvides jamás que tú eres el único responsable de tu vida.

BIBLIOGRAFÍA

S i deseas libros que te conduzcan en procesos de desarrollo personal y de transformación interior, la mejor recomendación que te podemos hacer son mis anteriores obras (todas ellas publicadas por esta misma editorial):

— *Un curso de felicidad*.
— *Apunta alto*.
— *El alma de la salud*.

Si lo que deseas es conocer más sobre el subconsciente y los caminos que nos llevan a reprogramarlo:

— *Método INTEGRA*.
— *Escoge tu camino a la felicidad y el éxito*.